BAC 2000
ESPAGNOL

NOUVELLE ÉDITION
conforme aux nouvelles dispositions

Chantal Chartier
Agrégée de l'Université
Université de Rennes I

Marie Delporte
Agrégée de l'Université
Lycée Turgot à Paris

Des mêmes auteurs parus aux éditions Ellipses :
S'exprimer en espagnol

Autres ouvrages parus aux éditions Ellipses :
La version au bac, par Michèle Cassart et Marie Delporte
Le vocabulaire thématique contemporain, par Marie Delporte et Janine Martig

Abréviations et signe utilisés

qqn	abréviation de « quelqu'un »
qqch	abréviation de « quelque chose »
≠	indique un antonyme
fig.	abréviation de « au sens figuré »
fam	abréviation de « familier »
RG	abréviation de « Rappel grammatical »
(ie) / (ue)	Signale que le verbe diphtongue

ISBN 2-7298-6760-0

© ellipses / édition marketing S.A., 1997
32 rue Bargue, Paris (15e).

La loi du 11 mars 1957 n'autorisant aux termes des alinéas 2 et 3 de l'Article 41, d'une part, que les « copies ou reproductions strictement réservées à l'usage privé du copiste et non destinées à une utilisation collective », et d'autre part, que les analyses et les courtes citations dans un but d'exemple et d'illustration, « toute représentation ou reproduction intégrale, ou partielle, faite sans le consentement de l'auteur ou de ses ayants droit ou ayants cause, est illicite ». (Alinéa 1er de l'Article 40).
Cette représentation ou reproduction, par quelque procédé que ce soit, sans autorisation de l'éditeur ou du Centre français d'Exploitation du Droit de Copie (3, rue Hautefeuille, 75006 Paris), constituerait donc une contrefaçon sanctionnée par les Articles 425 et suivants du Code pénal.

INTRODUCTION

BAC 2000 est destiné principalement aux élèves des classes de Terminales ayant une épreuve écrite de langue à l'examen du baccalauréat. Cet ouvrage prépare le candidat **conformément aux nouvelles dispositions de l'examen**. Par souci de réalisme, il a été conçu à partir des sujets donnés au cours des dernières années, tant en première langue qu'en deuxième langue et pour toutes les séries, **L, ES, S, STT et autres séries technologiques**. Mais, pour motiver les élèves, BAC 2000 va au-delà des traditionnelles annales corrigées en intégrant des rappels grammaticaux, des tableaux de vocabulaire, des exercices complémentaires et des sujets de discussion ou d'exposé (ce qui en fait également un ouvrage utile aux étudiants de 1er cycle).

Rappelons que chaque sujet de baccalauréat a pour objet d'évaluer trois qualités très distinctes :

- ❏ d'une part la capacité de **compréhension d'un texte écrit**,
- ❏ d'autre part la **compétence linguistique**,
- ❏ enfin la qualité de **l'expression écrite**.

Les différents exercices des sujets sélectionnés dans l'ouvrage sont tous corrigés dans leur intégralité, y compris celui d'expression personnelle. Le futur candidat aura donc la possibilité de s'auto-corriger en comparant son travail avec le corrigé modèle.
Le choix varié des textes permet d'appréhender la langue actuelle dans ses différents registres.

Afin de permettre une préparation efficace, nous avons intégré à chaque « sujet » plusieurs rubriques :

- ❏ Des **Rappels grammaticaux** en rapport avec les exercices de compétence linguistique.
- ❏ Deux rubriques **Vocabulaire thématique** dans lesquelles est exploré le champ sémantique de l'exercice d'expression écrite. Chacune de ces rubriques est suivie de **10 phrases à retenir** que l'élève devrait mémoriser.
- ❏ Des **exercices complémentaires** divers qui devraient permettre aux élèves de s'entraîner en revoyant des points de grammaire importants. Un corrigé de ces exercices figure à la fin de l'ouvrage.
- ❏ La rubrique **Temas para el comentario o el debate** enfin, permet une utilisation de l'ouvrage en cours d'espagnol.

Nous espérons que cet ouvrage répondra à l'attente des utilisateurs que nous remercions par avance des critiques et des suggestions qu'ils voudront bien nous faire.

Les auteurs

Directives ministérielles

	Durée	Coefficient	Barème
Série L LV1	3H	4	C + E = 14 T = 6
Série L LV2	3H	4	C = 7 E = 7 CL = 6
Série ES, S LV1	3H	3	C = 6 E = 8 CL = 6
Séries STT, SMS, STL, STI LV1	2H	2	C + T = 12 E = 8

C = questions de compréhension littérale
E = commentaire guidé par des questions
T = traduction
CL = exercices de compétence linguistique et traduction de quelques lignes.

TABLE DES MATIÈRES

Introduction 3

Sujet 1 ..... L LV1, L LV2, ES 7
              Maqroll en Panamá, Alvaro MUTIS

Sujet 2 ..... L LV1, L LV2, ES, S, STT 19
              Ledesma en Cerro de Pasco, Manuel SCORZA

Sujet 3 ..... L LV1, ES 32
              El empresario Zapico, Manuel VÁZQUEZ MONTALBÁN

Sujet 4 ..... L LV1, L LV2, ES, S 43
              ¿Tentativas de repoblación?, Miguel DELIBES

Sujet 5 ..... L LV1, L LV2, ES, S, STT 54
              Gorriones quinceañeros, Alejandro NIETO

Sujet 6 ..... STT 66
              El pez de oro, Juan MARSÉ

Sujet 7 ..... L LV2, ES, S, STT 76
              Llego a casa, Carmen RICO GODOY

Sujet 8 ..... L LV1 87
              El viajero perdido, José María MERINO

Sujet 9 ..... L LV2, ES, S, STT 98
              El ejecutivo, Eduardo MENDOZA

Sujet 10 ... L LV2, ES, S, STT 110
              El primer cine, Luis BUÑUEL

Sujet 11 ... L LV1, L LV2 122
              Sombras de la infancia, Julio LLAMAZARES

Sujet 12 ... L LV2, ES, S 133
              Un extraterrestre, Eduardo MENDOZA

Sujet 13 ... L LV2, ES, S, STT 143
              ¿Vender la casa de mis padres?, José DONOSO

Sujet 14... L LV1, L LV2, ES, S, STT 154
La bicicleta, Miguel DELIBES

Sujet 15... L LV1, L LV2, ES, S 166
Celebración de la amistad, Eduardo GALEANO

Sujet 16... L LV1, L LV2, ES, S 177
La búsqueda del presente, Octavio PAZ

Corrigé des exercices complémentaires 187

Index grammatical 190

Index thématique 191

▷ L LV1, L LV2, ES   **SUJET 1**

MAQROLL EN PANAMÁ

(El protagonista, Maqroll, marino, aventurero, está en Panamá. Su amigo Abdul le prestó dinero. Alex es el dueño del bar donde suele ir Maqroll.)

El día que gasté el último dólar que me quedaba del dinero proporcionado por Abdul, el portero[1], con esa milenaria intuición de su gente[2] para calibrar tales situaciones, me llamó al cuarto para decirme que, cuando bajara[3], quería hablar conmigo. En la tarde, antes de pasar por el bar, en donde por
5 cierto ya tenía una cuenta pendiente que empezaba a preocuparme, fui al mostrador para enfrentar al auriga danubiano[4]. De su enorme cabeza barbuda, que destacaba del mostrador como si estuviera en la mesa de un ilusionista, empezaron a salir palabras en un español lento y premioso[5] pero muy preciso. Era evidente que yo estaba en las últimas y que en Panamá no
10 hallaría ya ninguna salida a mi situación. Él conocía muy bien la ciudad. Si yo aceptaba podía ofrecerme algo que solucionaría, así[6] fuera transitoriamente, mis problemas, permitiéndome, de paso, pagar el mes de alojamiento pendiente y lo que tenía firmado con Alex. El hombre sabía más de lo que yo hubiera deseado. Cuando regresara[7] del bar, continuó, quería subir a mi
15 habitación para que charláramos un poco. Convine con él en que así lo haríamos y fui a refugiarme en un par de vodkas que harían más fácil el diálogo con el cojo cancerbero[8]. Muchas veces, en otras crisis semejantes, había recibido avances parecidos, hechos siempre por personas que tenían un inconfundible aire de familia con el portero. Casi hubiera podido anticipar
20 cuál iba a ser, a grandes rasgos, la propuesta del hombre. Regresé a mi cuarto pasada la media noche y, poco después, oí sus pasos claudicantes. Se sentó frente a mí en una silla desvencijada[9]. Mientras se acariciaba la barba con gesto que quería ser patriarcal, y sólo lograba hacerlo más sospechoso, me expuso su oferta. Lo de siempre. Se trataba de cruzar los límites legales para
25 ganar algunos dólares que me permitieran sobrevivir mediocremente, no sin correr algunos, muy lejanos, riesgos con las autoridades. Él tenía en su poder objetos de valor – relojes, joyas, cámaras fotográficas, perfumes caros, algunos licores y vinos de grandes marcas y cosechas famosas – que le dejaban en prenda[10], a cambio de dinero, algunos amigos suyos. No necesitaba
30 explicarme, como es obvio[11], que se trataba en verdad de cosas robadas en las bodegas de la aduana de Colón[12] o en los depósitos de los grandes almacenes de Panamá. Al usar el circunloquio[13] de las prendas, un brillo indefinible cruzó por sus ojos mientras la permanente sonrisa de los gruesos labios se congelaba en una mueca imprecisa. Los años en que deambulé por el
35 Mediterráneo me familiarizaron largamente con esos signos de mezquino

engaño de la fortuna. Dejé tranquilamente que hablara y, cuando terminó, le contesté que a la mañana siguiente tendría mi respuesta. « No lo piense mucho » – me dijo al salir –. « Hay otros candidatos que, además, tienen más experiencia. » También hubiera podido predecir hasta la forma misma como me lo dijo, con ese ligero tono de amenaza usual para con quienes tienen ya el agua al cuello.

Alvaro MUTIS, Ilona llega con la lluvia. (1988)

(1) el portero del hotel modesto donde está alojado Maqroll.
(2) su gente: gente como él.
(3) bajara: yo bajara.
(4) el auriga danubiano: l'aurige, le cocher du Danube. Remite a una descripción del portero: « un viejo (…) con facciones de cochero judío de la Viena de Franz-Joseph. »
(5) un español premioso: un español mal pronunciado.
(6) así: (ici) aunque.
(7) regresara: yo regresara.
(8) el cojo cancerbero: Cerbère boiteux (se trata del portero del hotel).
(9) desvencijada: branlante.
(10) en prenda: en gage.
(11) obvio: évident.
(12) Colón: ciudad de Panamá.
(13) usar el circunloquio: decir algo de modo indirecto.

I. Compréhension du texte

1. ¿Qué parecía saber el portero en cuanto a la situación del protagonista, Maqroll?
2. ¿Qué le propuso el portero a Maqroll?
3. ¿Se encontraba Maqroll en esta situación por primera vez?
4. **(L LV1 uniquement)** Complete: Al demorar Maqroll su respuesta, el portero le dijo que...

II. Expression personnelle

1. Estudie y comente la descripción física y moral del portero.
2. ¿Cómo se relaciona dicha descripción con los diferentes elementos y con el ambiente que rodean al portero?
3. ¿Cómo explicar que la figura del marinero aventurero haya inspirado a muchos escritores?

III. Compétence linguistique (L LV2 et ES uniquement)

1. a) Mettre au futur

« Dejé tranquilamente que hablara y, cuando terminó, le contesté que a la mañana siguiente tendría mi respuesta. » (lignes 36-37)

b) Mettre au style indirect le passage suivant

« No lo piense mucho. Hay otros candidatos que, además, tienen más experiencia. » (lignes 37-39) en commençant par : El portero me dijo…

2. Compléter dans la logique du texte

El portero me llamó para que…

3. Réécrire la phrase en remplaçant par une structure équivalente les termes soulignés

« <u>Al usar</u> el circunloquio de las prendas, un brillo indefinible cruzó por sus ojos. » (lignes 32-33)

4. Réutiliser la structure soulignée dans une phrase personnelle respectant la logique du texte

« <u>Mientras</u> se acariciaba la barba (...), me expuso su oferta. » (lignes 22-24)

5. Traduire la première phrase du texte

« El día que gasté el último dólar que me quedaba del dinero proporcionado por Abdul, el portero, con esa milenaria intuición de su gente para calibrar tales situaciones, me llamó al cuarto para decirme que, cuando bajara, quería hablar conmigo. » (lignes 1-4)

III. Traduction (L LV1)

Traduire depuis « El día que gasté... » jusqu'à « ninguna salida a mi situación » (lignes 1-10)

CORRIGÉ

I. Compréhension du texte

1. El portero parecía haber intuido que Maqroll pasaba apuros. Éste no veía remedio a su situación en Panamá mientras que el portero tenía una solución para sus deudas, el alquiler y lo de Alex.

2. Le propuso un asunto ilegal y arriesgado. Se trataba de dar salida a unos objetos que él guardaba en prenda, robados según Maqroll.

3. Ya le había pasado antes algo parecido y barruntaba lo que iba a ocurrir. Se había acostumbrado, en sus andanzas por el Mediterráneo, a los desvaríos de la fortuna y a sus trampas.

4. (L LV1) Al demorar Maqroll su respuesta, el portero le dijo que le contestara pronto, con el tono amenazador que se suele emplear con el que está en la cuerda floja.

II. Expression personnelle

1. Destaca en el texto la figura del portero, por ser un personaje bastante subido de color. Primero cabe señalar que se trata del portero de un hotel modesto, del que el narrador habla de un modo más bien despectivo, valiéndose de vocablos como « esa », « su gente ». Da a entender que es un hombre de baja ralea que es lo bastante perspicaz como para « calibrar » las situaciones de gente con « el agua al cuello », es decir acorralada porque anda de capa caída. El verbo « enfrentar » sugiere el miedo que puede infundirle al protagonista este hombre temible. La referencia al « auriga danubiano », que remite a una descripción anterior, presentando al portero como a « un viejo (...) con facciones de cochero judío de la Viena de Franz-Joseph. » acentúa la caricatura del retrato del hombre. También parece inquietante la « enorme cabeza barbuda » que asoma de manera insólita por encima del mostrador. Las palabras, pronunciadas con un deje extranjero, le dan a Maqroll la impresión de que salen de un personaje misterioso y desmembrado. Parece conocer todos los entresijos de la situación del marino y el intríngulis de ciertos negocios jugosos.

Es patente la aprensión del protagonista que apura « un par de vodkas » para encarar al « cojo cancerbero ». Su cojera le confiere un aspecto deforme e inquietante. La imagen del portero severo e inflexible, vinculada con el mito del perro que vigila la puerta del infierno, añade una dimensión diabólica. Su ademán de acariciarse la barba quiere « ser patriarcal » para tranquilizar al interlocutor pero no disimula que no es un hombre de fiar. Bien se da cuenta el marinero de que el hombre turbio anda con rodeos y habla con segundas. Las facciones del personaje, con « gruesos labios », lo caricaturizan y confirman esta impresión de estar ante un ser extraño cuya sonrisa da a entender que le tiende una trampa a su presa. La mueca traduce un deseo pérfido de engañar al otro. El uso de los adjetivos « indefinible » e « imprecisa » recalcan la personalidad equívoca del individuo. En cuanto al tono empleado por este hombre con cara de pocos amigos, revela que lo que aparecía como mera intención de ayudar a Maqroll es en realidad una amenaza. El portero, tanto por su aspecto físico como por su actitud, es un hombre que no infunde confianza y hasta provoca cierto malestar.

2. Tanto la situación como el ambiente que rodea al portero están connotados negativamente. El texto evoca al inquilino de un hotel de segunda categoría que está « en las últimas » y no acaba de ver una solución para salir de aprieto. Ya ha dejado un clavo en el bar y no consigue pagar la habitación. Los lugares que frecuenta, el hotel y el bar, son sitios transitorios, como lo es Panamá entre el Norte y el Sur de América. País fronterizo de Estados Unidos, Panamá es un sitio de tráficos, de negocios ilegales al que llegan muchos aventureros como Maqroll. Hay que señalar que el dólar es la única moneda a la que alude el narrador que sobrevive « mediocremente » en un hotel de baja categoría, como lo deja suponer el detalle de la « silla desvencijada ».

El trato que le propone concluir el portero, saliendo de « los límites legales », no está desprovisto de riesgos y remite al medio del hampa con sus negocios turbios acordados en ambientes nocturnos. El que el propio narrador entienda inmediatamente de qué se trata subraya lo frecuentes que son estos trapicheos. Lo heteróclito de los objetos valiosos que figuran en el elenco presentado, púdicamente llamados « prendas », pone de manifiesto que son el fruto de una intensa actividad de robo por todas partes. Al mentar sus desventuras pasadas, Maqroll confiesa que suele alternar con gente de mala calaña. Todos estos elementos negativos juntos con la narración en primera persona recuerdan el ambiente que reina en los relatos de la literatura picaresca.

3. Si la figura del marinero aventurero ha inspirado a muchos escritores es que les ofrece la oportunidad de describir a personajes originales que transgreden las normas y fascinan por no pertenecer a nada ni a nadie y no ser de ninguna parte. El protagonista, Maqroll, es un marinero que lleva una vida aventurera. No nos extraña ya que es propio del marinero viajar por el mundo y tratar con gente abigarrada en países desconocidos. El que se encuentre muy a menudo en lugares transitorios, fronterizos, lo confronta con una realidad que linda con lo interlope o con lo ilegal. Además, por haberse quedado largo tiempo navegando por mares, necesita, al llegar al puerto, buscar compañía y relaciones. Por eso acude a hoteluchos o bares de mala muerte donde siempre hay alguien con quien charlar.

Lo que mueve a un hombre a volverse marinero muchas veces es el deseo de aventuras, de conocer tierras incógnitas, huyendo de una vida rutinaria y convencional. A lo mejor lo atrae el peligro que lo ubica en situaciones inéditas a la vez que le permite avezarlo a la vida azarosa que ha escogido. Incluso puede verse involucrado en negocios sospechosos. La personalidad del marinero aventurero es más bien la de un hombre cosmopolita que rechaza las fronteras, los límites, cualesquiera que sean, que corre tras una libertad desenfrenada. No acepta la sociedad con sus leyes, prefiere ser apátrida y vivir al margen, creándose un mundo propio con otros valores.

III. Compétence linguistique (L LV2, ES)

1. **a)** Dejaré tranquilamente que hable y, cuando termine, le contestaré que a la mañana siguiente tendrá mi respuesta.

b) El portero me dijo que no lo pensara mucho, que había otros candidatos que, además, tenían más experiencia.

2. El portero me llamó para que nos entrevistáramos en mi habitación y viéramos cómo solucionar mis problemas.

3. Cuando usó el circunloquio de las prendas, un brillo indefinible cruzó por sus ojos.

4. Mientras deambuló por el Mediterráneo, Maqroll se fue acostumbrando a los vericuetos de la vida aventurera.

5. Le jour où je dépensai le dernier dollar qui me restait de l'argent qu'Abdul m'avait procuré, le portier, avec cette intuition millénaire propre aux gens de son espèce pour jauger de telles situations, m'appela dans ma chambre pour me dire qu'il voulait me parler, lorsque je descendrais.

III. Traduction (L LV1)

Le jour où je dépensai le dernier dollar qui me restait de l'argent qu'Abdul m'avait procuré, le portier, avec cette intuition millénaire propre aux gens de son espèce pour jauger de telles situations, m'appela dans ma chambre pour me dire qu'il voulait me parler, lorsque je descendrais. Dans l'après-midi, avant de faire un passage au bar, où j'avais déjà, je dois dire, une ardoise qui commençait à me préoccuper, je me dirigeai vers la réception pour affronter l'Aurige du Danube. De son énorme tête barbue, qui se détachait du comptoir comme posée sur la table d'un illusionniste, commencèrent à sortir des mots prononcés dans un espagnol lent et laborieux mais très précis. Il était évident que je brûlais mes dernières cartouches et qu'à Panamá, je me trouverais désormais dans une situation sans issue aucune.

RAPPELS GRAMMATICAUX

◆ DÉFENSE

No + subjonctif

Attention : l'interdiction ne se traduit pas par l'impératif mais par le subjonctif à toutes les personnes. (Cf. RG impératif Sujet 2)

¡**No grites**! .... *Ne crie pas !*
¡Niños, **no salgáis** ahora! .... *Les enfants, ne sortez pas maintenant !*

Exercice complémentaire I

Mettre à la forme négative

1. ¡Haz este trabajo!
2. ¡Idos con él! (¡Iros! est une forme plus usitée)
3. ¡Síguelo por esta calle!
4. ¡Tráiganselo!
5. ¡Conduce rápido!

◆ PASSAGE AU STYLE INDIRECT

Lorsqu'on modifie un temps, il convient d'appliquer les correspondances suivantes :

Notion de présent	Notion de passé
Indicatif présent	Indicatif imparfait / Prétérit
Futur	Conditionnel
Subjonctif présent	Subjonctif imparfait
Passé composé	Plus-que-parfait / Passé antérieur
Futur antérieur	Conditionnel passé
Subjonctif passé	Subjonctif plus-que-parfait

Exemples :

Comes mucho.	Comías mucho. Comiste mucho.
Comerás mucho.	Comerías mucho.
Quizás comas mucho.	Quizás comieras mucho.
Has comido mucho.	Habías comido mucho. Hubiste comido mucho.
Habrás comido mucho.	Habrías comido mucho.
Quizás hayas comido mucho.	Quizás hubieras comido mucho.

• Remarques :

– Il faut remarquer qu'il s'agit d'une modification de temps et non de mode.

– Il n'y a un changement de mode que dans la phrase conditionnelle. (Cf. RG Sujet 15)

Comerás si quieres (indic).	Comerías si quisieras (subj).

– Le subjonctif imparfait, devenu désuet en français, est obligatoire en espagnol, quand la concordance des temps l'impose.

Quiero que comas.	Quería que comieras.
Je veux que tu manges.	*Je voulais que tu manges.*

Attention au changement de personne et de pronom qu'entraîne le passage au style indirect.

Exercice complémentaire II

Passer au style indirect

1. (Habla Pedro a Jorge): « ¡Haz lo que te parezca!, no me importa. »
2. (Hablaba María a Elena): – « Estoy cansada. ¡Llévame a casa! »
3. – « ¿Piensas que vas a llegar tarde? » preguntó Mercedes a su marido. – « Estaré en casa a las siete. » le respondió.
4. – « ¡Démonos prisa! No creo que hayamos terminado esta noche. » le dijo Manuel a su amigo.
5. – «¡No vengas demasiado tarde! Si no, no podré atenderte. » (Paco se dirigía a Juan)

◆ Préposition devant la complétive

– L'espagnol garde devant la proposition complétive la préposition qui servirait à introduire le complément indirect (infinitif, nom, pronom).

Le obligó **a** sentarse.
Le obligó **a que** se sentara. } .... *Il l'obligea à s'asseoir.*

– Il ne faut donc pas oublier la préposition « de » dans les expressions courantes qui suivent :

darse cuenta de que	*se rendre compte que*
tener la impresión de que	*avoir l'impression que*
tomar conciencia de que	*prendre conscience que*
enterarse de que	*apprendre que*
aprovecharse de que	*profiter de ce que*
olvidarse de que	*oublier que etc.*

Nos enteramos de que ganaron .... *Nous avons appris qu'ils ont gagné*
el partido. *le match.*
Tomé conciencia de que no sería .... *Je pris concience que je ne serais pas*
capaz de hacerlo. *capable de le faire.*

– Rappel : certains verbes très courants, suivis de la préposition « de » en français, s'emploient sans préposition en espagnol, devant un infinitif : **permitir, aceptar, decidir, prometer, intentar, procurar, probar, soler, fingir**.

¡**Procura llegar** con tiempo! .... *Tâche d'arriver à l'avance !*
Suelo cenar temprano. .... *J'ai l'habitude de dîner tôt.*

Exercice complémentaire III

Réunir les deux propositions adéquates en ajoutant une préposition, si nécessaire

1. Me doy cuenta …
2. Al verlo tumbado en la cama, tuvimos la impresión …
3. Les permitió a sus hijos …
4. Mi padre quería incitarme …
5. El ladrón se aprovechó …
   a) … que cursara estudios.
   b) … que no había nadie.
   c) … que la vida no es tan fácil.
   d) … que volvieran tarde.
   e) …que estaba cansado.

VOCABULAIRE THÉMATIQUE
I. EL RETRATO FÍSICO

las facciones, los rasgos de la cara	*les traits du visage*
tener la cara cansada	*avoir les traits tirés*
ser feo, a; la fealdad	*être laid ; la laideur*
ser bello, a; la belleza	*être beau ; la beauté*
ser hermoso, a; la hermosura	*être beau ; la beauté*
¡Qué hombre más guapo!	*Quel bel homme !*
una cara risueña	*un visage souriant*
un rostro macilento	*un visage émacié*
un semblante hosco	*une figure renfrognée*
enjuto de cara	*au visage sec*
una jeta de chico	*une bouille de gamin*
sonreír; la sonrisa	*sourire ; le sourire*
hacer una mueca, un mohín	*faire une grimace*
las mejillas coloradas	*les joues rouges*
las arrugas	*les rides*
la tez morena	*le teint mat*
pálido de color	*au teint pâle*
los lunares	*les grains de beauté*
de ojos rasgados	*aux yeux en amande*
tener ojeras	*avoir les yeux cernés*
ser ciego, tuerto; bizquear	*être aveugle, borgne ; loucher*
la mirada aguda; la vista	*le regard perçant ; la vue*
mirar de reojo	*regarder du coin de l'œil*
echar una ojeada	*jeter un regard, un coup d'œil*
con los ojos entornados	*les yeux mi-clos*
guiñar el ojo	*faire un clin d'œil*
con los párpados cerrados	*les paupières fermées*
la nariz respingada, chata	*le nez retroussé, camus*
de nariz aguileña	*au nez aquilin*
oler; Huele a jabón.	*sentir ; Cela sent le savon.*
el olfato delicado	*l'odorat délicat*
una boca desdentada	*une bouche édentée*
los labios pintados	*les lèvres maquillées*
ser mudo	*être muet*
sacar la lengua	*tirer la langue*
la frente despejada	*le front dégagé*
ser rubio, moreno	*être blond, brun*
con el pelo rizado, lacio	*les cheveux frisés, raides*
el pelo recogido ≠ suelto	*les cheveux relevés ≠ sur les épaules*
tirarse de los cabellos	*s'arracher les cheveux*
de pelo castaño, cano	*aux cheveux châtains, blancs*

un anciano barbudo, bigotudo	*un vieil homme barbu, moustachu*
de barba canosa	*à la barbe grisonnante*
la barbilla	*le menton*
tener grandes orejas	*avoir de grandes oreilles*
aguzar el oído	*tendre l'oreille*
ser sordo como una tapia	*être sourd comme un pot*
la voz ronca, estentórea	*la voix rauque, de stentor*
con voz gangosa, cascada	*d'une voix nasillarde, éraillée*
hablar en voz baja ≠ alta	*parler à voix basse ≠ haute*

▷ 10 phrases à retenir

1. Este hombre calvo habla con voz estentórea.
   Cet homme chauve parle d'une voix de stentor.
2. Los ancianos de barba cana infunden respeto.
   Les vieillards à la barbe blanche inspirent du respect.
3. ¡Qué cara tiene! Es más feo que Picio.
   Quelle tête il a !
   Il est laid comme un pou.
4. Los niños tienen el cutis frágil. ¡Cuidado con el sol!
   Les enfants ont la peau du visage fragile. Attention au soleil !
5. Como es pelirroja, al tomar el sol le salen pecas.
   Comme elle est rousse, elle se couvre de taches de rousseur au soleil.
6. Lo escuchó sin parpadear y se quedó callado.
   Il l'écouta sans sourciller et resta silencieux.
7. Miró con el rabillo del ojo y sonrió irónicamente.
   Il regarda du coin de l'œil et sourit ironiquement.
8. Tiene la piel curtida de tanto trabajar de sol a sol en el campo.
   Il a la peau tannée à force de travailler du matin au soir dans les champs.
9. Acababa de echar una siesta y llevaba el moño desgreñado.
   Elle venait de faire une sieste et avait le chignon ébouriffé.
10. Se enjugó la frente sudorosa y frunció el ceño.
    Il essuya son front en sueur et fronça les sourcils.

VOCABULAIRE THÉMATIQUE
II. LOS DEFECTOS / EL DELITO

ser vil, ruin	*vil, mesquin*
ser malo; la maldad	*être méchant ; la méchanceté*
dañar	*léser, faire du tort*
la hipocresía; hipócrita	*l'hypocrisie ; hypocrite*
la calumnia; murmurar	*la calomnie ; médire*
los chismes; chismorrear	*les cancans ; cancaner*
el cotilleo; cotillear	*le commérage ; faire des commérages*
hablar con indirectas	*parler par sous-entendus*
hablar mal; las malas lenguas	*dire du mal ; les mauvaises langues*

ser cruel; la crueldad	être cruel ; la cruauté
ser egoísta; el egoísmo	être égoïste ; l'égoïsme
mentiroso, a; la mentira; mentir	menteur ; le mensonge ; mentir
embustero, falso, a	menteur
ser orgulloso, presumido	être orgueilleux, vaniteux
jactarse de, vanagloriarse de	se vanter de
ser tacaño; la avaricia	être avare ; l'avarice
ser envidioso; la envidia	être envieux ; l'envie
estar celoso, tener celos	être jaloux
ser perezoso; la pereza	être paresseux ; la paresse
ser un traidor; la traición; traicionar	être un traitre ; la trahison ; trahir
engañar	tromper
enredar	piéger
caer en las garras de alguien	tomber entre les griffes de qqn
una treta	une ruse, un stratagème
ímprobo; la falta de honradez	malhonnête ; la malhonnêteté
pérfido, alevoso, a	fourbe
grosero, a; la grosería	grossier ; la grossièreté
ser cobarde; la cobardía	être lâche ; la lâcheté
el hampa	la pègre
un pícaro, un sinvergüenza	une canaille, un vaurien, voyou, fripon
un parásito	un parasite
descarado, a; el descaro	effronté ; l'effronterie
despreciativo, a; el desprecio	méprisant ; le mépris
cometer un crimen	commettre un crime
en flagrante delito	en flagrant délit
el asesino; el asesinato	l'assassin ; l'assassinat
el ladrón; robar	le voleur ; voler
el robo, el hurto; hurtar	le vol ; dérober
el timador, el estafador	l'escroc
la estafa; estafar	l'escroquerie ; escroquer
un chorizo, un ratero; un carterista	un petit voleur, filou ; un pickpocket
un malhechor; una fechoría, un enredo	un malfaiteur ; un méfait
un bandolero, un bandido	un bandit
un cómplice; urdir un plan	un complice ; ourdir un plan
un atraco; un atracador	un hold-up ; un cambrioleur
el atentado; la víctima; el rehén	l'attentat ; la victime ; l'ôtage
disparar con la pistola	tirer avec un pistolet
blandir un arma de fuego	brandir un arme à feu
dar un navajazo	donner un coup de couteau
un tramposo; una trampa	un tricheur ; un traquenard
incautar droga	saisir de la drogue
el narcotráfico	le trafic de drogue
la cárcel; encarcelar	la prison ; emprisonner
el prisionero, el preso	le prisonnier
pillar; detener	attraper ; arrêter

la detención; la condena	*la détention ; la condamnation*
meterse en líos	*se mettre dans une sale histoire*
escabullirse, escurrirse, zafarse	*s'esquiver*
cometer fraude	*frauder*
sospechar; sospechoso, a	*suspecter ; suspect*
culpable; la culpa	*coupable ; la faute*

▷ 10 Phrases à retenir

1. De tanto alternar con delincuentes se hundió en el vicio.
   A force de frayer avec des délinquants il a sombré dans le vice.
2. Por ingenuo cayó en la trampa del ratero.
   Par naïveté il est tombé dans le piège du filou.
3. Se vanagloria de saberlo todo. ¡Qué soberbia!
   Il se vante de tout savoir. Quelle présomption !
4. No me fío de esta hipócrita, es una mosquita muerta.
   Je me méfie de cette hypocrite, c'est une sainte nitouche.
5. Es muy perezoso, se pasa la vida sin dar ni golpe.
   Il est très paresseux, il passe sa vie à ne rien faire.
6. No me importa el qué dirán. No son más que habladurías.
   Peu m'importe le qu'en dira-t-on. Ce ne sont que des potins.
7. El día menos pensado, le van a coger con las manos en la masa.
   Le jour où il s'y attendra le moins, on le prendra la main dans le sac.
8. Hubo una oleada de atracos a bancos en la capital.
   Il y eut une vague de hold-up dans les banques de la capitale.
9. El agresor hizo el amago de apuntarle al corazón.
   L'agresseur fit le geste de le viser au coeur.
10. Se escabulló antes que lo detuvieran.
    Il a filé avant qu'on ne l'arrête.

▷ *Temas para el comentario o el debate*

1. Panamá, país cosmopolita.
2. El hampa y los traficantes.
3. Las relaciones de fuerza entre dos personas. (Cf. Voc. II Sujet 5)

LEDESMA EN CERRO DE PASCO

« *Ledesma, joven profesor, llega a Cerro de Pasco, ciudad minera del altiplano peruano.* »

Ledesma se recuperó, se interesó por sus cursos. Ese año, el Colegio inauguró una Sección Nocturna para los mineros: muchos de esos alumnos eran padres de los alumnos de la Sección Diurna. Enseñando en la Nocturna comenzó a descubrir el Perú secreto de los campesinos quechuas. El curso lo apasionó. Esos alumnos graves, que escuchaban sus lecciones de historia con los rostros tiznados[1] por el trabajo en los socavones[2], le daban sentido a la enseñanza. Se adentró tanto en sus problemas que pronto olvidaron que él era hombre del Norte. Cuando Radio Pasco ofreció un espacio al Colegio, Ledesma se propuso como animador del programa cultural « La Alborada ». Gracias a la radio, la gente terminó de perderle la desconfianza con que se recibe a todos los afuerinos[3]. Comentaban sus programas, le solicitaban que denunciara abusos, le informaban de todo. A mediados de 1959, Ledesma percibió un cambio: los alumnos comenzaron a ralear[4]. El semestre acabó con las aulas vacías. La ciudad también se despoblaba. La « Cerro de Pasco Corporation » había decidido cerrar algunas minas. Los precios del plomo y del zinc descendían en el mercado internacional. La empresa se protegía despidiendo a millares de mineros, forzándolos así a regresar a sus pueblos. Ledesma comentó el problema en su programa radial[5]. A la mañana siguiente, conocidos y desconocidos lo felicitaron. « Gracias, señor Ledesma. Por fin alguien se ocupa de nosotros. Los periódicos no dicen absolutamente nada. ¿Sabe usted cuántos hemos sido despedidos? ¿Sabe cuántos regresamos tuberculosos? ¿Sabe cuántos padecemos de silicosis? »

Pero al Director Becerra lo visitó un representante de la Prefectura: que el programa del Colegio, por favor, no se apartara de su misión, la cultura. El Director accedió[6]. « Profesor Ledesma: la Prefectura dice que usted nos está metiendo en camisa de once varas[7]. He prometido moderación. Pero aquí, entre nosotros, siga usted con el programa tal como está. Si los jóvenes no protestan, ¿Quién va a protestar? A su edad yo también era rebelde. Pensaba siempre en la frase de González Prada: « ¡Rompamos el pacto infame de hablar a media voz! » ¡Lo felicito, profesor! ».

A fin de año solicitaron incorporarlo a la lista de concejales (8) que se propondría al Ministerio de Gobierno. Aceptó. El primero de enero de 1959 lo nombraron.

Manuel SCORZA, *La Tumba del relámpago.*

(1) tiznados: ennegrecidos.
(2) socavones: galerías.

(5) radial: *de la radio.*
(6) accedió: aceptó.

(3) los afuerinos: *les étrangers à la région.*
(4) ralear: *se raréfier.*

(7) en camisa de once varas: en dificultades.
(8) concejales: *conseillers municipaux.*

I. Compréhension du texte (STT: 1 et 3 uniquement)

1. ¿Cómo entablaron relaciones Ledesma y los mineros quechuas?
2. ¿Por qué se vaciaban las aulas?
3. ¿Qué le agradecieron los mineros a Ledesma?
4. **(L LV1 uniquement)** Complete: Al Director Becerra le reprendió la Prefectura, sin embargo alentó a Ledesma a que...

II. Expression personnelle (STT : 1 et 3 uniquement)

1. Estúdiese el caso del Director Becerra. Procure explicar su actitud.
2. Comente la frase: « La empresa se protegía despidiendo a millares de mineros, forzándolos así a regresar a sus pueblos. » (lignes 17-18)
3. ¿Qué papel puede tener la enseñanza en un país del tercer mundo como el Perú, nación pluriétnica además?

III. Compétence linguistique (L LV2, S, ES)

1. Mettre au style indirect les passages suivants

a) « ¿Sabe usted cuántos hemos sido despedidos? ¿Sabe cuántos regresamos tuberculosos? ¿Sabe cuántos padecemos de silicosis? » (lignes 21-22) en commençant par : Le preguntó...

b) « siga usted con el programa tal como está » (ligne 27) en commençant par : Le dijo...

2. a) Mettre au futur

« Cuando Radio Pasco ofreció un espacio al Colegio, Ledesma se propuso como animador del programa cultural "La Alborada". » (lignes 8-9)

b) Mettre au présent

« Comentaban sus programas, le solicitaban que denunciara abusos, le informaban de todo. » (lignes 11-12)

3. Compléter la phrase suivante dans la logique du texte

No se despoblaría la ciudad si...

4. Réutiliser la structure soulignée dans une phrase personnelle respectant la logique du texte

« Se adentró <u>tanto</u> en sus problemas <u>que</u> pronto olvidaron que él era hombre del Norte. » (lignes 7-8)

5. *Traduire*

« Profesor Ledesma: la Prefectura dice que usted nos está metiendo en camisa de once varas. He prometido moderación. Pero, aquí, entre nosotros, siga usted con el programa tal como está. Si los jóvenes no protestan, ¿Quién va a protestar? A su edad yo también era rebelde. Pensaba siempre en la frase de González Prada: « ¡Rompamos el pacto infame de hablar a media voz! » ¡Lo felicito, profesor! ». (lignes 26-31)

III. Traduction (STT)

Traduire depuis « Profesor Ledesma: la Prefectura dice... » jusqu'à « ¡Lo felicito, Profesor! » (lignes 25-30)

III. Traduction (L LV1)

Traduire depuis « Pero al Director Becerra... » jusqu'à la fin du texte « lo nombraron. » (lignes 23-33)

CORRIGÉ

I. Compréhension du texte

1. Empezó Ledesma a impartir clases nocturnas en el Colegio a los mineros, padres de los alumnos que venían de día. Así fue conociendo el Perú de los quechuas. Se interesó mucho por estos hombres que, poco a poco, olvidaron que era un forastero del Norte. Luego, gracias a los programas radiales en que fue interviniendo como animador cultural, confiaron cada vez más en él, informándole de todo.
2. Transcurriendo el año, notó Ledesma que se vaciaban las aulas, hasta quedar sin alumnos. Volvían a su pueblo los que la Compañía minera despedía por problemas bursátiles.
3. Le agradecieron a Ledesma el haber comentado en la radio el despido de los mineros ya que no dijeron nada del asunto los periódicos.
4. (L LV1) Al Director Becerra le reprendió la Prefectura, sin embargo, le alentó al joven profesor a que siguiera con su programa, a que protestara y fuera rebelde.

II. Expression personnelle

1. Resulta interesante evocar la actitud del Doctor Becerra ya que parece un poco paradójica. Conviene en efecto observar que, por una parte, este personaje obedeció a la Prefectura (« El director accedió »), pero, por otra parte, animó a Ledesma a que siguiera protestando. Frente a las autoridades administrativas, el Director no se atrevió a decir lo que pensaba verdaderamente. Prefirió adoptar una postura de sumisión antes que emitir un juicio que pudiera desagradar.

El contexto aclara un poco el motivo de esta reacción: el representante de la Prefectura intervino para que el Director pidiera a Ledesma que « no se apartara de su misión, la cultura ». Ahora bien, lo único que hizo el profesor fue comentar los problemas de los mineros despedidos por la Compañía minera y hay que puntualizar que no ocurrió directamente en el marco del Colegio sino en la radio local que había ofrecido un espacio al Colegio. Estos detalles subrayan el poder de la Compañía que podía presionar para que la Prefectura impidiera cualquier forma de denuncia de sus prácticas. Cabe pensar que el Director era consciente de la existencia de tales presiones y a lo mejor corría el riesgo de perder su puesto o de ser trasladado a otra parte. Por eso, oficialmente, fingió asentir, prometió « moderación ».

Sin embargo, cuando se dirigió a Ledesma para avisarle del enojo de la Prefectura, su actitud no correspondió a lo que podía esperar de él el poder administrativo, al contrario, se mostró como un apasionado defensor de los programas radiales del profesor y lo exhortó a que dijera la verdad, a que no hablara « a media voz ». Además le explicó al profesor que él también, cuando joven, había sido rebelde y que era el papel de la juventud protestar, rebelarse. Este comportamiento no ha de extrañarnos ya que suele observarse en muchas personas. El entusiasmo, el idealismo, se esfuman conforme avanzan los años. A menudo no desaparecen totalmente las ideas, pero sí la voluntad de comprometerse. Parece ser el caso del Director que sigue creyendo en la necesidad de luchar por la libertad de expresión, pero que les remite a los jóvenes el deber de actuar.

2. La frase que debemos comentar refleja bien la situación social en que se encontraban los mineros quechuas. La Empresa era la « Cerro de Pasco Corporation », o sea una compañía extranjera que explotaba el subsuelo del Perú. Después del rechazo del poder español, tomaron el relevo Estados Unidos para tener dominadas a las naciones latinoamericanas y ello, desde el principio de su emancipación. La presencia norteamericana es todavía una realidad insoslayable para quien se interese al desarrollo social o económico de las naciones hispánicas del continente americano.

La novela de Manuel Scorza se sitúa, del punto de vista literario, en la corriente indigenista que trataba de denunciar los abusos y desmanes de las compañías norteamericanas para con los indios. Como lo sugiere la frase de Scorza, los indios habían dejado sus pueblos para ir a trabajar en las minas de la Cerro de Pasco Corporation. De cara a la miseria, a las dificultades de su vida campesina, los indígenas no tenían otro remedio que aceptar la labor agotadora de minero, sobre todo cuando se les atraía con el señuelo de un sueldo bueno. Pero, si el mercado internacional acarreaba una baja de las ventas del mineral extraído, o una baja de los precios que obligara la empresa a abaratar los costes, las primeras víctimas eran los indios a los que se despedía sin más miramientos. Hallándose de pronto sin recursos, « millares de mineros » habían de volver a sus pueblos, sin indemnización, ya que no tenían derecho a ningún subsidio de empleo por despido laboral. La Empresa « se protegía », como parece decirlo de manera algo sarcástica Manuel Scorza. Recalca bien esta frase la consideración que se le tenía a esta mano de obra barata y sujeta a toda clase de explotación.

Hoy en día no se ha erradicado todavía el ostracismo del que son víctimas los indios, sin embargo cabe señalar que se ha galardonado en 1993 con el premio Nobel de la Paz a una mujer maya, Rigoberta Menchú, guatemalteca, por su acción como defensora del pueblo indio.

3. Resulta interesante comentar el papel que puede tener la enseñanza en un país del tercer mundo como el Perú, nación pluriétnica. Sabido es que el problema del analfabetismo fue muy difícil de resolver en los países latinoamericanos y lo es todavía. No sólo es una cuestión de pobreza sino que se plantea un problema de identidad en países donde no todo el pueblo tiene el mismo arraigo cultural.

Frente al dominio de los blancos, el único recurso de los indígenas para defenderse pasó por una forma de integración. En cierto modo, tenían que amoldarse a la cultura de sus opresores para poder expresarse por ejemplo en la misma lengua. La alfabetización fue una manera de integrar a los indios marginados, a la vez que les permitió empezar a alzar la cabeza, sobre todo si los profesores como Ledesma no se limitaban a enseñar a leer y escribir en español. Es de notar que Scorza subraya lo atentos que estaban los mineros quechuas al escuchar las « lecciones de historia ». Conocer la historia para « esos alumnos graves » sería un primer paso hacia la conciencia de formar parte de un pueblo con su identidad, lo que conllevaba la necesidad de luchar por el respeto de sus valores culturales. Después de superar el obstáculo del idioma, les fue más fácil a los autóctonos defender sus derechos en la vida cotidiana, organizarse y luego iniciaron el rescate del acervo cultural indígena oponiéndose al etnocentrismo.

El papel de la enseñanza fue, pues, algo paradójico; pudo aparecer al principio como una integración forzosa que no tenía en cuenta la cultura india; sin embargo pasó a ser un eslabón necesario en la difícil marcha hacia la reafirmación de una identidad india cuya expresión alcanzó un momento cumbre durante la celebración del Quinto Centenario del descubrimiento de América. En el futuro, habrá que contar con esta etnia para construir un continente que no excluya a nadie.

III. Compétence linguistique (L LV2, ES, S)

1. **a)** Le preguntó un minero a Ledesma si sabía cuántos habían sido despedidos, cuántos regresaban tuberculosos y cuántos padecían de silicosis.
   b) Le dijo el Director Becerra a Ledesma que siguiera con el programa tal como estaba.
2. **a)** Cuando Radio Pasco ofrezca un espacio al Colegio, Ledesma se propondrá como animador del programa cultural « La Alborada ».
   b) Comentan sus programas, le solicitan que denuncie abusos, le informan de todo.
3. No se despoblaría la ciudad si la « Cerro de Pasco Corporation » no cerrara las minas y no despidiera a los mineros.

4. Se comprometió tanto Ledesma que la Prefectura decidió mandar a un representante suyo al Director Becerra para que le dijera al profesor que no se apartara del programa del Colegio.

5. « Professeur Ledesma : la Préfecture dit que vous vous mêlez de ce qui ne vous regarde pas. J'ai promis de la modération. Mais, ici, entre nous, conservez telle quelle votre émission. Si les jeunes ne protestent pas, qui donc va protester ? Moi aussi, à votre âge, j'étais révolté. Je pensais sans cesse à la phrase de González Prada : « Brisons le pacte infâme de ne parler qu'à mi-voix ! » Je vous félicite, professeur ! »

III. Traduction (STT)

cf. **5** ci-dessus

III. Traduction (L LV1)

Cependant, un représentant de la Préfecture rendit visite au Docteur Becerra : veillez, s'il vous plaît, à ce que le programme du Collège ne s'écarte pas de sa mission, la culture. Le Directeur obtempéra. « Professeur Ledesma : la Préfecture dit que vous vous mêlez de ce qui ne vous regarde pas. J'ai promis de la modération. Mais, ici, entre nous, conservez telle quelle votre émission. Si les jeunes ne protestent pas, qui donc va protester ? Moi aussi, à votre âge, j'étais révolté. Je pensais sans cesse à la phrase de González Prada : « Brisons le pacte infâme de ne parler qu'à mi-voix ! » Je vous félicite, professeur ! ».

A la fin de l'année on lui demanda de faire partie de la liste des conseillers qui serait soumise au Ministre du Gouvernement. Il accepta. Il fut nommé le premier janvier 1959.

RAPPELS GRAMMATICAUX

◆ Prétérits forts

Les prétérits des verbes irréguliers qui suivent sont très usités. La 1ère personne indique l'irrégularité qui se conserve dans les autres personnes, comme le montrent les premiers exemples (à remarquer : il n'y a pas d'accent écrit).

ser / ir   **fui**, fuiste, fue, fuimos, fuisteis, fueron
estar   **estuve**, estuviste, estuvo, estuvimos, estuvisteis, estuvieron
tener   **tuve**, tuviste, tuvo, tuvimos, tuvisteis, tuvieron

poder: **pude**	poner: **puse**	andar: **anduve**
haber: **hube**	saber: **supe**	caber: **cupe**
decir: **dije**	hacer: **hice**	querer: **quise**
venir: **vine**	traer: **traje**	dar: **di**
ver: **vi**		

– mêmes irrégularités pour les verbes formés à partir des verbes précédents (ex. : **suponer**, **exponer**, **deshacer**)

– verbes en **ducir**: conducir: **conduje**, condujiste, condujo, condujimos, condujisteis, condujeron

• Remarque : ne pas oublier qu'on forme le subjonctif imparfait à partir de la 3ème personne du prétérit (**fueron** > **fuera** ; **dijeron** > **dijera**) ; ce temps est très usité et il est donc impératif de bien connaître ces verbes irréguliers.

Exercice complémentaire I

Mettre au passé les phrases suivantes en utilisant le prétérit
(penser à la concordance des temps)

1. Hago un esfuerzo para que puedas estudiar.
2. Quiere que sepan la verdad.
3. Le digo a Pedro que venga.
4. Hay un accidente pero el policía no hace nada.
5. Mi amiga está ausente, por eso me pongo triste.

◆ INDÉFINIS

Attention à ne pas confondre l'adverbe invariable (**mucho**) avec le pronom ou l'adjectif variables (**mucho, a, os, as**)

No has comido **mucho**. (adv) .... Tu n'as pas beaucoup mangé.
Había **muchas personas**. (adj) .... Il y avait de nombreuses personnes.
Muchos no están de acuerdo. (pronom) .... Beaucoup ne sont pas d'accord.

Il en est de même pour **poco, bastante, demasiado, tanto, cuanto**.

Tengo **demasiados asuntos** pendientes .... J'ai trop d'affaires en cours.
No pude leer **cuantos documentos** .... Je n'ai pas pu lire tous les documents
me trajiste.   que tu m'avais apportés.

Exercice complémentaire II

Compléter par l'indéfini qui convient en respectant l'accord le cas échéant

1. No puedo llevar esta piedra: pesa …
2. Hay … gente; casi no hay nadie.
3. No somos … jugadores para empezar el partido.
4. Este libro tiene … páginas que todavía no lo he acabado.
5. Le di … pesetas tenía.

◆ Impératif

Rappel : ce mode concerne l'ordre positif puisqu'en espagnol l'ordre négatif, ou défense, est rendu par le subjonctif à toutes les personnes. (Cf. RG défense Sujet 1)
– 2ème pers du sing (forme issue de l'indicatif) : ¡Can**ta**! ¡Com**e**! ¡Sub**e**!

- Irrégularités : hacer: **haz**   decir: **di**   tener: **ten**   poner: **pon**
  venir: **ven**   salir: **sal**   ir: **ve**   ser: **sé**

– 2ème pers du plur (le « r » de l'infinitif est remplacé par « d ») :
¡Cant**ad**! ¡Com**ed**! ¡Sub**id**!

- Avec le pronom « **os** », le « **d** » tombe (sauf ¡**idos**! du verbe ir) : ¡Levant**aos**!

Les verbes en « **ir** » ont un accent sur le « **i** » : ¡Un**íos**!

– Aux autres personnes on emploie le subjonctif présent pour tous les verbes, réguliers ou irréguliers.
   Usted: ¡Cant**e**! ¡Com**a**! ¡Sub**a**! ¡**Haga**!
   Nosotros: ¡Cant**emos**! ¡Com**amos**! ¡Sub**amos**! ¡**Hagamos**!
   Ustedes: ¡Cant**en**! ¡Com**an**! ¡Sub**an**! ¡**Hagan**!

- Exception: ir: ¡**Vamos**!

- Avec le pronom « **nos** » ou le groupe « **selo, sela** », etc., le « s » de la 1ère personne du pluriel tombe : ¡Levant**émonos**! ¡Cant**émosela**!

Exercice complémentaire III

Transformer la défense en ordre positif

1. ¡No te atrevas a decírselo!
2. ¡No os dirijáis a él!
3. ¡No vengas mañana!
4. ¡No nos acostemos temprano!
5. ¡No vayamos a verla ahora!

VOCABULAIRE THÉMATIQUE
I. Las relaciones laborales en la empresa

---

la vida empresarial	*la vie de l'entreprise*
las relaciones laborales	*les relations salariales*
el empresario ; el dirigente	*le chef d'entreprise, le dirigeant*
la sede de la compañía	*le siège de la compagnie*
una empresa boyante	*une entreprise florissante*
el despacho del director, del patrón	*le bureau du directeur, du patron*
el ramo ; el segmento	*la branche d'activité ; le créneau*
un sector punta	*un secteur de pointe*

contratar; la contratación	*embaucher ; le recrutement*
la oferta de empleo	*l'offre d'emploi*
el plan de empleo juvenil	*le plan pour l'emploi des jeunes*
los anuncios por palabras, anuncios breves	*les petites annonces*
las gestiones; los trámites	*les démarches ; les formalités*
cumplir los requisitos	*remplir les conditions requises*
el historial	*le curriculum vitæ*
los puestos de trabajo, las plazas	*les emplois, les places*
el aprendizaje	*l'apprentissage*
el aprendiz de mecánico	*l'apprenti-mécanicien*
la fábrica; el taller	*l'usine ; l'atelier*
el trabajo en cadena	*le travail à la chaîne*
trabajar como eventual	*travailler comme intérimaire*
los trabajadores; los obreros	*les travailleurs, les ouvriers*
el comité de empresa	*le comité d'entreprise*
las reivindicaciones	*les revendications*
las ventajas asistenciales	*les avantages sociaux*
el escalafón	*le tableau d'avancement, l'échelon*
las vacaciones pagadas	*les congés payés*
de cara a la coyuntura actual	*face à la conjoncture actuelle*
atajar la crisis bursátil	*enrayer la crise boursière*
las cotizaciones en Bolsa	*le cours de la Bourse*
el análisis de la situación	*l'analyse de la situation*
el balance; los datos	*le bilan ; les données*
declararse en quiebra	*déposer son bilan*
la recesión; la reactivación	*la récession ; la reprise*
la mejoría	*l'amélioration (économie)*
abaratar los costes	*baisser les coûts*
el ajuste de la plantilla	*l'ajustement des effectifs*
la congelación de los salarios	*le blocage des salaires*
el sueldo base	*le salaire de base (smic)*
pedir un aumento de sueldo	*demander une augmentation de salaire*
alcanzar el diez por ciento	*atteindre dix pour cent*
el incremento del coste de la vida	*l'augmentation du coût de la vie*
la carestía de la vida	*la cherté de la vie*
el disparo de los precios; el alza	*la flambée des prix ; la hausse*
la penuria, la escasez	*la pénurie*
declararse en huelga	*se mettre en grève*
la convocatoria a huelga	*l'ordre de grève*
la huelga de hambre, de celo, rotativa	*la grève de la faim, du zèle, tournante*
la huelga de brazos caídos	*la grève sur le tas*
entablar negociaciones	*engager les pourparlers*
el endurecimiento del conflicto	*le durcissement du conflit*
el anuncio, la noticia, el aviso	*l'annonce*
despedir a un asalariado	*licencier un salarié*
el despido improcedente, laboral	*le licenciement abusif, économique*

apuntarse al paro	*s'inscrire au chômage*
el paro, el desempleo; los parados	*le chômage ; les chômeurs*
el paro estacional	*le chômage saisonnier*
el subsidio de desempleo	*l'allocation-chômage*
un problema candente, acuciante	*un problème brûlant*
dimitir	*démissionner*

▷ 10 phrases à retenir

1. Si buscas un empleo, puedes consultar la sección de los anuncios por palabras. — *Si tu cherches un emploi, tu peux consulter la rubrique des petites annonces.*
2. Dificultades crecientes acosan el sector de la informática. — *Des difficultés croissantes assaillent le secteur de l'informatique.*
3. Los empresarios y los sindicatos, muchas veces, están a matar. — *Les patrons et les syndicats sont souvent à couteaux tirés.*
4. Cada uno teme por su empleo cuando se cierne el paro. — *Chacun craint pour son emploi quand plâne la menace du chômage.*
5. Frente al deterioro de la situación, el mundo laboral convocó una huelga. — *Face à la dégradation de la situation, le monde du travail lança un ordre de grève.*
6. Se ha acordado un plante de una hora, sin previo aviso. — *Un débrayage d'une heure, sans préavis, a été décidé.*
7. La reanudación del trabajo se hará después de la reapertura de las negociaciones. — *La reprise du travail se fera après la réouverture des négociations.*
8. Muchos son los que ya no cobran el subsidio de desempleo. — *Nombreux sont ceux qui ne touchent plus l'indemnité de chômage.*
9. Aumentan las horas extraordinarias y no contratan. — *On augmente les heures supplémentaires et on n'embauche pas.*
10. Los avances tecnológicos no garantizan el progreso social. — *Les avancées technologiques ne garantissent pas le progrès social.*

VOCABULAIRE THÉMATIQUE
II. EL TERCER MUNDO

---

atropellar los derechos humanos	*violer les droits de l'homme*
el atropello de un principio	*le viol d'un principe*
los países tercermundistas	*les pays du tiers monde*
el desarrollo del tercer mundo	*le développement du tiers-monde*
las plagas de la pobreza	*les fléaux de la pauvreté*
las lacras de estas naciones	*les plaies de ces nations*
la miseria que padecen…	*la misère dont souffrent…*
pasar hambre	*souffrir de la faim*
sufrir de la desnutrición	*souffrir de la malnutrition*
sufrir las consecuencias	*subir les conséquences*
la expectativa de vida	*l'espérance de vie*

una campaña de alfabetización	une campagne d'alphabétisation
un barrio de chabolas	un bidonville
el alcoholismo ; un paria	l'alcoolisme ; un paria
salir perdiendo	être perdant
la desesperación ; la impotencia	le désespoir ; l'impuissance
la discriminación ; los prejuicios	la discrimination ; les préjugés
los abusos ; los desmanes	les abus ; les exactions
tener dominado a alguien	avoir quelqu'un sous son emprise
tener en su puño	avoir à sa botte, tenir sous sa coupe
expoliar ; anexionar	dépouiller ; annexer
adueñarse de ; la codicia	s'approprier ; la cupidité
el etnocentrismo	l'ethnocentrisme
el mestizaje ; los mestizos	le métissage ; les métis
el mulato	le mulâtre
el zambo	le mulâtre (noir + indien)
el ladino	le métis, l'indien parlant espagnol
el criollo	le descendant d'espagnol né en Amérique
el desarraigo de los indios	le déracinement des indiens
los indígenas, los autóctonos	les indigènes, les autochtones
rescatar el acervo cultural	sauver le patrimoine culturel
respetar la identidad	respecter l'identité
un testimonio ; testimoniar	un témoignage ; témoigner
en pos de la justicia	en quête de justice
clamar contra la injusticia	clamer à l'injustice
dar la voz de alarma	jeter un cri d'alarme
pugnar por ; luchar por	se battre pour ; lutter pour
concienciar a los europeos	faire prendre conscience aux européens
un llamamiento, una llamada	un appel
presionar	exercer une pression
coaccionar	exercer une contrainte
el espejismo de los países ricos	le mirage des pays riches
atraer con el señuelo de	faire miroiter
optar por el modo de vivir americano	choisir le mode de vie américain
los trabajadores clandestinos	les travailleurs clandestins
los mojados	1. émigrés clandestins aux USA 2. en Espagne : émigrés clandestins passant par Gibraltar
los chicanos	émigrés mexicains installés aux USA
los intercambios desiguales	les échanges inégaux
el librecambio ; el mercado mundial	le libre échange ; le marché mondial
una mano de obra barata	une main-d'œuvre bon marché
fomentar las exportaciones	favoriser les exportations
encontrar nuevas salidas	trouver de mouveaux débouchés
no gozar de ninguna ventaja	ne bénéficier d'aucun avantage
tomar medidas	prendre des mesures
la infraestructura arcaica	l'infrastructure archaïque

el atraso tecnológico	*le retard technologique*
la asistencia técnica	*l'aide technique*
las relaciones mercantiles	*les relations commerciales*
los productos acabados, manufacturados	*les produits finis, manufacturés*
las materias primas	*les matières premières*
la importación de bienes de equipo	*l'importation de biens d'équipement*
los bienes de consumo	*les biens de consommation*
una carencia de divisas	*une pénurie de devises*
la cotización del dólar	*le cours du dollar*
el endeudamiento; la deuda	*l'endettement ; la dette*
una inestabilidad interna	*une instabilité intérieure*
desencadenar conflictos políticos	*déclencher des conflits politiques*
involucrado con creces	*impliqué largement*
el bloqueo; la distensión	*le blocus ; la détente*
compartir, repartir las riquezas	*partager les richesses*
un mundo desquiciado	*un monde bouleversé*
el desquiciamiento	*le bouleversement*

▷ 10 phrases à retenir

1. El librecambio es un sistema económico más complejo de lo que pensaba.
   Le libre échange est un système économique plus complexe que je ne le pensais.

2. Las relaciones vinculadas al tráfico de mercancías influyen en el equilibrio mundial.
   Les relations liées à la circulation des marchandises influent sur l'équilibre mondial.

3. La baja de los precios de las materias primas acarrea el endeudamiento de los países latinoamericanos.
   La baisse du prix des matières premières entraîne l'endettement des pays d'Amérique latine.

4. El anhelo por una vida mejor incita a comprar bienes de equipo.
   Le désir d'une vie meilleure incite à acheter des biens d'équipement.

5. Un país que importa más de lo que exporta tiene una balanza comercial deficitaria.
   Un pays qui importe plus qu'il n'exporte a une balance commerciale déficitaire.

6. La pobreza genera una situación de tensiones de ámbito mundial.
   La pauvreté engendre une situation de tensions dans l'ensemble du monde.

7. Habría que nivelar el desequilibrio para que desapareciera el hambre.
   Il faudrait corriger le déséquilibre pour que disparaisse la faim.

8. La discriminación racial para con los indios sigue haciendo estragos, hoy por hoy.
   La discrimination raciale envers les indiens sévit encore de nos jours.

9. Los indígenas se esfuerzan en rescatar sus valores culturales.
   Les indigènes s'efforcent de sauver leurs valeurs culturelles.

10. ¡Quién pudiera hacer algo para que cambiara todo esto!
    Ah ! si je pouvais faire quelque chose pour que tout cela change !

▷ **_Temas para el comentario o el debate_**

1. La influencia de Estados Unidos en los países hispanoamericanos. (Cf. Voc. II Sujet 12)
2. La situación social de los indios en América Latina. (Cf. Voc. I Sujet 13)
3. El desarraigo cultural de los indígenas.
4. El papel de la radio en los países en vías de desarrollo.
5. El fenómeno de la deuda en los países latinoamericanos.

EL EMPRESARIO ZAPICO

(Se sitúa la acción en una fecha reciente, después de ser designada Barcelona ciudad organizadora de los juegos olímpicos de 1992.)

Juan Sánchez Zapico se lo debía todo a sí mismo y había sabido rodearse de gentes incapaces de llegar a la conclusión de que se debía bien poco[1]. Los cuatro bloques que había construido en el barrio, los seis almacenes de chatarra[2] que prolongaban los dominios de su rancho[3] hasta los límites de
5 Pueblo Nuevo con San Adrián, la pequeña fábrica de peladillas[4] y almendras garrapiñadas[5] a las que había incorporado la más moderna tecnología, como solía repetir a quien quisiera escucharle, le habían hecho un hombre lo suficiente rico, y para siempre, como para dedicar parte de sus ocios a la presidencia del Centellas, equipo con historia de barrio con historia, en los
10 orígenes del fútbol catalán capaz de luchar por la hegemonía con el Barcelona, el Europa, el Español o el San Andrés, pero desde la guerra civil apenas un club superviviente que se sucedía a sí mismo, impulsado por la incondicionalidad de una afición de barrio[6] y por el patrimonio de un campo de fútbol situado en una zona clave para la expansión de la ciudad. El patronato
15 de fundadores del Centellas había resistido todas las tentaciones de venta del campo, tanto en las expansiones urbanas de los años cincuenta y sesenta, como cuando empezaron a husmearlo[7] los cazadores de la futura especulación en todos los alrededores de la Villa Olímpica[8]. Situado en la tercera o cuarta línea del mar, casi en los límites de San Adrián, el campo del Centellas
20 quedaría engullido[9] en el futuro por la Barcelona que crecería a partir del núcleo irradiador de la Villa Olímpica convertida en bloques de apartamentos para la nueva pequeña burguesía postolímpica, en contraste con la población próxima y aborigen : catalanes proletarios residuales e inmigrados de distintas capas[10] arqueológicas.
25 – Tiempo al tiempo[11] – decía a veces Sánchez Zapico cuando los más impacientes miembros del patronato o de la junta directiva le resaltaban las bondades de las ofertas de compra.

Otras veces su respuesta era más épica y elegíaca :

– Mientras yo viva, vivirá el Centellas, y sin este campo, el Centellas mori-
30 ría.

Manuel VÁZQUEZ MONTALBÁN, *El Delantero centro fue asesinado al atardecer.*

(1) se debía bien poco : *il devait bien peu à lui-même.*
(2) chatarra : *ferraille.*
(3) rancho : *ranch, campement.*
(7) husmear : *flairer, chercher en flairant.*
(4) peladillas : *dragées.*
(5) almendras garrapiñadas : *amandes pralinées.*
(6) la incondicionalidad de una afición de barrio : *le soutien inconditionnel des supporters du quartier.*
(10) capas : *couches.*

(8) Villa Olímpica : *Cité Olympique.*
(9) engullir: *avaler, engloutir.*

(11) tiempo al tiempo : « dar tiempo al tiempo » (*attendre, ne pas précipiter les choses*).

I. Compréhension du texte

1. ¿Cómo había logrado enriquecerse Juan Sánchez Zapico?
2. ¿A qué dedicaba parte de sus ocios?
3. ¿Qué querían los especuladores?
4. **(L LV1)** ¿Qué significaría para Zapico la venta del campo de fútbol?

II. Expression personnelle

1. Apoyándose en detalles precisos del texto, muestre usted qué imagen nos quiere dar el autor de Sánchez Zapico.
2. ¿Qué opina usted de su actitud?
3. ¿Qué piensa de los vínculos entre el deporte y el dinero?

III. Compétence linguistique (ES)

1. a) Mettre à la première personne du pluriel la phrase suivante en remplaçant Juan Sánchez Zapico par « Nosotros… »

« Juan Sánchez Zapico se lo debía todo a sí mismo y había sabido rodearse de gentes incapaces de llegar a la conclusión de que se debía bien poco. » (lignes 1-2)

b) Mettre au futur la phrase suivante

« El campo del Centellas quedaría engullido en el futuro por la Barcelona que crecería a partir del núcleo irradiador de la Villa Olímpica. » (lignes 19-21)

2. Compléter les phrases suivantes en respectant le contexte

Insistía Sánchez Zapico en que había incorporado la más moderna tecnología a su fábrica para que…

Decía Sánchez Zapico que si……………… moriría el Centellas.

3. Reprendre dans une nouvelle phrase les structures soulignées, en respectant la cohérence du texte

« El patronato de fundadores del Centellas había resistido todas las tentaciones de venta del campo, <u>tanto</u> en las expansiones urbanas de los años cincuenta y sesenta, <u>como</u> cuando empezaron a husmearlo los cazadores de la futura especulación en todos los alrededores de la Villa Olímpica. » (lignes 14-18)

« <u>Mientras</u> yo viva, vivirá el Centellas » (ligne 29) (conserver le futur)

4. Traduire l'extrait suivant

« Los cuatro bloques que había construido en el barrio (…), como solía repetir a quien quisiera escucharle, le habían hecho un hombre lo suficientemente rico, y para siempre, como para dedicar parte de sus ocios a la presidencia del Centellas. » (lignes 2-9)

III. Traduction (L LV1)

Traduire depuis le début du texte « Juan Sánchez Zapico se lo debía todo... » jusqu'à « dedicar parte de sus ocios a la presidencia del Centellas. » (lignes 1-9)

CORRIGÉ

I. Compréhension du texte

1. Juan Sánchez Zapico había logrado medrar gracias a una operación inmobiliaria, un negocio de chatarra y una fábrica de peladillas, una de las más adelantadas, según se jactaba de repetir. Esto le había permitido salir de la nada, y enriquecerse.

2. Ser rico le permitía dedicarse a su afición fútbol ejerciendo el papel de presidente del Centellas, club de barrio, que, des s de competir con los mejores en sus tiempos de gloria, había venido a menos con la guerra y sobrevivía gracias a los hinchas y a la posesión de un campo de fútbol.

3. Codiciaban los especuladores el campo de fútbol, sobre todo en vísperas de los Juegos Olímpicos. Convertirían el barrio popular en una zona residencial de Barcelona.

4. (L LV1) La venta del campo de fútbol vendría a sentenciar a muerte el club, por eso Sánchez Zapico no cedía un palmo, se empecinaba en defender el club de fútbol del que era presidente. Al resistir las ofertas atractivas de los especuladores que querían meter mano al campo de fútbol, el pequeño empresario defendía quizá lo que venía a simbolizar, para él, el broche final de una vida.

II. Expression personnelle

1. Desde la primera frase, el personaje nos aparece un poco engreído ya que el narrador precisa, con cierta ironía, que « se lo debía todo a sí mismo ». El tono irónico se hace patente cuando el autor aclara al final de la frase que « se debía bien poco ». Cierto es que ha sabido componérselas, aprovechando las oportunidades, pero no parece ser un hombre de mucha enjundia. Prueba de ello es la necesidad perentoria de rodearse de gente que le digan que el mérito es todo de él. Se ha hecho rico con negocios de poca envergadura, casi sin salir del barrio. Otra vez, cierta mofa se trasluce en las palabras del narrador que evoca « la más moderna *tecnología* » de la fábrica de peladillas de Sánchez Zapico. Resulta algo humorístico el emplear la palabra tecnología tratándose de la confección de dulces, tanto más cuanto que le sirve a Zapico para vanagloriarse ante los demás y preciarse de ser un empresario moderno. Ya que se ha hecho rico, quiere que la gente lo sepa. Es una actitud bastante característica de los advenedizos.

El ser presidente de un club de fútbol le confiere un valor social a las alturas de su éxito. Pero cuando nos enteramos de la situación del club, resulta irrisoria su ambición. Ya quedaron atrás los años de gloria del equipo; venido a menos con la guerra, ahora sólo se trata de un viejo equipo de barrio que intenta sobrevivir. A pesar de todo, el empresario pretende ser el protector y el defensor del equipo y rehúsa las ofertas de compra del campo de fútbol. Se muestra de esta forma totalmente desinteresado, únicamente preocupado por su afición, por su amor al club y al barrio.

Sin embargo se cierne la incertidumbre sobre los verdaderos propósitos del personaje cuando contesta: « Tiempo al tiempo », como si esperara otro momento mejor para vender, como si husmeara otro negocio. Pero luego, el empresario parece cobrar la dimensión de un héroe que resiste el ataque de sus enemigos, dispuesto a jugarse la vida, y que declama con énfasis: « – Mientras yo viva, vivirá el Centellas, y sin este campo, el Centellas moriría. ». El escarnio, pues, viene a ser todavía más fuerte cuando el narrador evoca el tono casi épico y elegíaco de las palabras de Zapico. Ya rico, le importa más asentar su posición social que añadir a su fortuna el fruto de un negocio redondo. La sátira del pequeño empresario que quiere dárselas de hombre importante se hace manifiesta a lo largo de estas líneas de Vázquez Montalbán.

2. Podríamos pensar que un hombre que, por sí solo, ha sabido salir adelante es una persona digna de consideración. Ha hecho fructificar lo poco que tenía para enriquecerse. Sin embargo, este enriquecimiento no es tanto el fruto de unas cualidades personales, de unos méritos propios, como el resultado de algunas inversiones especulativas o, cuando más, de la introducción en la fábrica de una pequeña modernización. Sus proyectos, construir bloques, vender chatarra o peladillas, no pasan de ser materiales, con el único afán de lucro como motor de su vida.

Para mí, lograr su vida no puede reducirse a una acumulación de bienes. A lo mejor, es también lo que siente Zapico, de manera consciente o no, al procurar adquirir una imagen social que le confiera cierto valor, a través de otra cosa que el dinero, mediante su función de presidente de un club deportivo. ¿Querrá despertar alguna simpatía entre la opinión pública o querrá mantener buenas relaciones con sus clientes? No basta el dinero para que un hombre infunda respeto.

Zapico es más bien un hombre corto de miras, con cierto desparpajo, al que le gusta deslumbrar. Es obvio que carece de humildad, quiere darse postín y mostrar que no es un don nadie. Pudiera enorgullecerse de sus éxitos sin el respaldo de un corro de privados que le den coba. Se puede descollar sin dárselas de superior, sin darle tres cuartos al pregonero. Sin embargo, para no cargar las tintas, podríamos pensar que la defensa del club representa, para él, un pundonor, siendo su afición al fútbol tan fuerte y sincera que lo haría todo para ayudar al equipo y esto le honraría.

3. Resulta interesante evocar el problema, muy actual, de los vínculos entre el deporte y el dinero. Muchos asuntos relacionados con el fútbol son la comidilla de la actualidad. Primero, la práctica de este deporte, que antes era una afición, ha pasado a ser un oficio. Los buenos jugadores cobran un dineral y cada club trata de comprarse una gran figura. No bastan ahora los hinchas para que pueda vivir un club deportivo, por tanto se recurre hoy a las empresas patrocinadoras. Éstas no se contentan con financiar una parte de los gastos sino que se valen del éxito de un equipo para pregonar las cualidades de un producto, de una marca. Podría ser ésta la intención de un hombre como Zapico. La publicidad ha ido invadiendo los campos de fútbol. Todo ha venido a ser un verdadero círculo vicioso donde impera el dinero.

Ahora bien, no hay que señalar con el dedo únicamente a los jugadores de fútbol. Se da el caso también con el tenis por ejemplo. Resulta, pues, que muchos atletas aceptan que el deporte se convierta en negocio, o bien porque no pueden luchar con el sistema, o bien porque les interesa sacar provecho de él. Ahora, ya no se trata tan sólo de ser galardonado con un premio sino de recibir cantidades crecidas. El texto evoca también, de paso, las ganancias que atraen a los especuladores de Barcelona en vísperas de las Olimpiadas. El problema cobra incluso, de vez en cuando, una dimensión económica importante, cuando no política.

III. Compétence linguistique (ES)

1. **a)** Nosotros nos lo debíamos todo a nosotros mismos y habíamos sabido rodearnos de gentes incapaces de llegar a la conclusión de que nos debíamos bien poco.
   b) El campo del Centellas quedará engullido en el futuro por la Barcelona que crecerá a partir del núcleo irradiador de la Villa Olímpica. (La relative était à l'indicatif : le fait n'est pas éventuel, donc indicatif maintenu.)
2. Insistía Sánchez Zapico en que había incorporado la más moderna tecnología en su fábrica para que produjera mejor y le hiciera más rico.
   Decía Sánchez Zapico que si vendían el campo de fútbol moriría el Centellas. (avec un verbe déclaratif, 'decir que', 'si' est suivi de l'imparfait de l'indicatif)
3. A Zapico le interesa tanto hacerse rico como dedicarse al fútbol.
   Mientras pueda sobrevivir el club, no habrá que vender el campo.
4. Les quatre immeubles qu'il avait construits dans le quartier (…), comme il avait l'habitude de le répéter à qui voulait bien lui prêter une oreille, avaient fait de lui un homme suffisamment et définitivement riche, pour se permettre de consacrer une partie de ses loisirs à la présidence du Centellas.

III. Traduction (L LV1)

Juan Sánchez Zapico ne devait qu'à sa propre personne tout ce qu'il avait et il avait su s'entourer de gens incapables d'arriver à la conclusion qu'il ne devait que bien peu à lui-même. Les quatre immeubles qu'il avait construits dans le quartier, les six entrepôts de ferraille qui prolongeaient l'étendue de ses domaines jusqu'aux limites de Pueblo Nuevo et de San Adrián, la petite fabrique d'amandes pralinées pour lesquelles il avait adopté la technologie la plus moderne, comme il avait l'habitude de le répéter à qui voulait bien lui prêter une oreille, avaient fait de lui un homme suffisamment et définitivement riche, pour se permettre de consacrer une partie de ses loisirs à la présidence du Centellas.

RAPPELS GRAMMATICAUX

◆ SUBORDONNÉES TEMPORELLE ET RELATIVE AU SUBJONCTIF

1) Dans les subordonnées temporelles, le futur présente toujours un aspect d'éventualité. Il est rendu en espagnol par le **présent du subjonctif**. De façon analogue, le conditionnel est rendu par l'**imparfait du subjonctif**.

Cuando toque la campana, saldré.	*Quand la cloche sonnera, je sortirai.*
Iremos **en cuanto llegues**.	*Nous irons dès que tu arriveras.*
Quería saludarlos **conforme se presentaran**.	*Je voulais les saluer à mesure qu'ils se présenteraient.*
Tan pronto como pudieran, regresarían.	*Aussitôt qu'ils pourraient, ils reviendraient.*

• Remarque : ne pas confondre avec l'interrogation directe ou indirecte, où l'on conserve le futur ou le conditionnel (observer l'accent écrit sur « cuándo »)

Te diré cuándo vendrá. ..... *Je te dirai quand il viendra.*

2) Dans une subordonnée relative, s'il s'agit d'une éventualité, le futur est également rendu par le **présent du subjonctif** et le conditionnel par l'**imparfait du subjonctif**.

El último **que salga** cerrará.	*Le dernier qui sortira fermera.*
Haré lo **que pueda**.	*Je ferai ce que je peux.*
Castigaría a los **que hablasen**.	*Il punirait ceux qui parleraient.*

• Remarque : de même avec **como**.

Haz **como te guste** !	*Fais comme il te plaira !*
Haría **como quisiera**.	*Il ferait comme il voudrait.*

Exercice complémentaire I

Mettre le verbe à la forme voulue

1. No me importa lo que tú (decir) después.
2. En cuanto yo (decidir) marcharme, te avisaré.
3. Hará como (querer) él.
4. Te divertirás cuando (estar) de vacaciones.
5. El profesor vería a sus alumnos conforme éstos (llegar).

◆ LE COMPARATIF D'ÉGALITÉ

1) **Tanto como**

Trabajaba ella **tanto como** él. ..... *Elle travaillait autant que lui.*

2) **Tan** + adjectif + **como** (« tanto » s'apocope devant un adjectif)

Es **tan** gordo **como** su padre. ..... *Il est aussi gros que son père.*

3) **Tanto, a, os, as** + nom + **como** (« tanto » s'accorde avec le nom)

Ya no tiene **tantas** ideas **como** antes. .... *Il n'a plus autant d'idées qu'avant.*

Exercice complémentaire II
Compléter par la forme comparative d'égalité adéquate

1. Fuma ... puros ... los cubanos.
2. No es ... astuto ... te lo figuras.
3. No pensaba que te gustaba ... la música ... a mí.
4. No es ... barato ... lo pensaba.
5. Este proyecto no plantea ... problemas ... el otro.

◆ LE SUPERLATIF RELATIF

1) Cas de l'adjectif : **el más** (supériorité), **el menos** (infériorité).

Es **el menos** alto. .... *Il est le moins grand.*

Esta técnica es **la más** moderna. .... *Cette technique est la plus moderne.*

Attention : contrairement à l'usage français, devant l'adjectif postposé au nom, on ne répète pas l'article employé devant le nom. On n'emploie pas non plus l'article si le nom est déterminé par un possessif.

Es **el** animal **más** noble. .... *C'est l'animal le plus noble.*

Es **su** amigo **más** entrañable. .... *C'est son ami le plus cher.*

Pour la même raison de non répétition de l'article on dira :

La que es **más** guapa. .... *Celle qui est la plus belle.*

Les superlatifs de **grande**, **pequeño**, **bueno** et **malo** sont **el mayor**, **el menor**, **el mejor**, et **el peor**.

2) Cas de l'adverbe : **lo más**, **lo menos**.

¡Vete **lo más** lejos posible! .... *Va-t-en le plus loin possible !*

Aux comparatifs **mejor** (bien) et **peor** (mal) correspondent les superlatifs **lo mejor** et **lo peor**.

3) Cas du verbe : **más**, **menos**, **mejor**, **peor**, sans article.

Es María quien trabaja **más**. .... *C'est Marie qui travaille le plus.*

Exercice complémentaire III
Compléter les phrases suivantes par l'article, si nécessaire

1. Es la persona ... más amable que conozco (mode indicatif en espagnol).
2. Su ponencia fue ... menos interesante.
3. Son ... peores tonterías que oí en mi vida.
4. Su obra ... más cómica es la que ... más me gusta.
5. Los que hablan ... menos son a veces los que saben ... más.

VOCABULAIRE THÉMATIQUE
I. El deporte

practicar un deporte	faire du sport, pratiquer un sport
no entender (ie) nada de deportes	ne rien connaître au sport
los deportistas	les sportifs
el modelo deportivo	le modèle sportif
las competiciones; competir	les compétitions ; concourir, rivaliser
un campeón, un campeonato	un champion, un championnat
los Juegos Olímpicos, las Olimpiadas	les Jeux Olympiques
otorgar un premio	décerner un prix
una buena cosecha de medallas	une bonne moisson de médailles
el desafío; el récord o la plusmarca	le défi ; le record
estar en forma	avoir la forme
estar hecho un toro	tenir une forme de champion
ganar ≠ ser derrotado	gagner ≠ être battu
ganar por la mano	gagner haut la main
¡Menuda paliza les hemos metido!	Quelle raclée on leur a mis !
ser un as en gimnasia	être un as, « une bête » (fam) en gym
ser un aficionado al fútbol	être un amateur de football
ser un futbolista nato	être un joueur de football dans l'âme
los hinchas de los clubes	les supporters des clubs
el patrocinador; el patrocinio; patrocinar	le sponsor ; le sponsoring ; sponsoriser
el campo de fútbol; el estadio	le terrain de football ; le stade
los jugadores, los futbolistas	les joueurs de football
el entrenador; el árbitro	l'entraîneur ; l'arbitre
castigar una falta	pénaliser une faute
marcar un tanto	marquer un but
no meter un solo gol	ne pas mettre un seul but
la portería defendida por el guardameta	la cage gardée par le gardien de but
el empate; empatar	le match nul ; faire match nul
las quinielas; la puesta; la apuesta	le loto sportif ; la mise ; le pari
¿Cuánto te apuestas?	Combien tu paries ?
el balonmano; el baloncesto	le hand-ball ; le basket-ball
el atletismo; un atleta descalificado	l'athlétisme ; un athlète disqualifié
lograr terminar la carrera	réussir à terminer la course
el salto de altura, de longitud	le saut en hauteur, en longueur
el salto con pértiga; el saltador de pértiga	le saut à la perche ; le perchiste
la bicicleta; la bici	la bicyclette ; le vélo
quedarse sin aliento	s'essouffler
un coche, un piloto de carreras	une voiture, un pilote de course
los maniacos del volante	les obsédés du volant
el motociclista	le motard
la piscina; el traje de baño; nadar	la piscine ; le maillot de bain ; nager

el chapuzón; zambullirse	*le plongeon ; plonger*
el esquí acuático	*le ski nautique*
la vela; los veleros	*la voile ; les voiliers*
participar en una regata; el regatista	*participer à une régate ; le régatier*
Es posible alquilar tablas de vela.	*On peut louer des planches à voile.*
el submarinismo; el buceador	*la plongée sous-marine ; le plongeur*
iniciar la inmersión	*commencer la plongée*
el equipo; equipado, a	*1. l'équipe ; 2. l'équipement ; équipé*
los deportes de invierno	*les sports d'hiver*
las estaciones de esquí; el esquiador	*les stations de sports d'hiver ; le skieur*
fascinantes parajes fuera de pistas	*des sites fascinants en hors-piste*
los amantes de las emociones fuertes	*les amateurs d'émotions fortes*
adquirir velocidad	*prendre de la vitesse*
deslizarse por la pendiente	*glisser sur la pente*
los surfistas de nieve	*les surfeurs de la neige*
calzar los patines	*mettre ses patins*
ascender (ie) a las cumbres nevadas	*faire l'ascension de sommets enneigés*
Es el no va más.	*C'est le nec plus ultra.*
un ala delta biplaza; el bautizo aéreo	*un delta biplace ; le baptême de l'air*
cursillos con entrega de certificado	*des stages qui délivrent un brevet*
una experiencia inigualable	*une expérience incomparable*
contar (ue) con muchos seguidores	*avoir de nombreux adeptes (amateurs)*

▷ 10 phrases à retenir

1. Tantas horas de entrenamiento han dado su fruto.
   Toutes ces heures d'entraînement ont porté leurs fruits.
2. Esta modalidad combina el esquí con algunas técnicas del alpinismo.
   Cette discipline combine le ski avec quelques techniques de l'alpinisme.
3. Está prohibido por el peligro de avalanchas.
   C'est interdit à cause des risques d'avalanches.
4. Los más atrevidos practican el paracaidismo.
   Les plus audacieux pratiquent le parachutisme.
5. El vuelo con parapente permite experimentar nuevas sensaciones.
   Le vol en parapente permet d'éprouver des sensations nouvelles.
6. Este artilugio ofrece la posibilidad de dirigir el descenso.
   Cet engin permet de diriger la descente.
7. Finalizar la prueba sería un broche de oro a su vida de navegante.
   Terminer l'épreuve serait la consécration de sa vie de navigateur.
8. Los favoritos intentarán batir el récord de la prueba.
   Les favoris tenteront de battre le record de l'épreuve.
9. Quedamos a las cinco en el polideportivo.
   Nous nous sommes donnés rendez-vous à cinq heures au complexe sportif.
10. No hay que rajarse a última hora.
    Il ne faut pas se dégonfler à la dernière minute.

VOCABULAIRE THÉMATIQUE
II. Los negocios / el comercio

el mercantilismo	l'affairisme
el especulador	l'affairiste, le spéculateur
especular con	spéculer sur
el accionista	l'actionnaire
el segmento de mercado	le créneau commercial
un hombre de negocios	un homme d'affaires
dedicarse a los negocios	être dans les affaires
un negocio redondo	une affaire en or
una ganga	une aubaine
montar un negocio	monter une affaire
montar una fábrica	installer une usine
acometer una empresa	créer une entreprise
apostar por una actividad punta	miser sur un secteur de pointe
triunfar en los negocios	réussir dans les affaires
ser un lince para los negocios	avoir le sens des affaires
ser un experto en la materia	être un orfèvre en la matière
solucionar un asunto pendiente	résoudre une affaire en cours
la compra ; comprar a plazos ; aplazar	l'achat ; acheter à crédit ; différer
una buena inversión	un bon investissement
invertir ; un inversor (o inversionista)	investir ; un investisseur
realizar una transacción	faire une transaction
financiar ; la financiación	financer ; le financement
el haber ; la aportación financiera	l'avoir ; l'apport financier
los beneficios ; el beneficiado	les bénéfices ; le bénéficiaire
beneficiarse de	bénéficier de
valorar en	évaluer à
el volumen de negocios	le chiffre d'affaires
ascender (ie) a un millón	se monter à un million
pagar en metálico (o en efectivo)	payer en argent liquide
prestar su apoyo a un proyecto	apporter son soutien à un projet
¡Trato hecho!	Affaire conclue !
el socio	l'associé, le partenaire
la competencia ; el competidor	la concurrence ; le concurrent
alcanzar su meta (o su objetivo)	atteindre son but (ou son objectif)
un éxito al cien por cien	une réussite à 100 %
ir de éxito en éxito	voler de succès en succès
equivocarse en las cuentas	se tromper dans les comptes
estar al borde de la quiebra	être au bord de la faillite
el arribismo	l'arrivisme
ser un arribista (o un trepa)	être un arriviste
ser un derrotista	avoir une nature de perdant

ser un fracasado; fracasar	être un raté ; échouer
un fracaso estrepitoso	un échec cuisant
la apertura de un nuevo almacén	l'ouverture d'un nouveau magasin
encargarse del almacén	s'occuper du magasin
atender (ie) al cliente	s'occuper du client
¿Le atienden?	On s'occupe de vous ?
¿Qué se le ofrece e usted?	Qu'y a-t-il pour votre service ?
la caja; el cajero	la caisse ; le caissier
el comerciante, el tendero	le commerçant
la venta al por mayor, a granel	la vente en gros, en vrac
el vendedor, el dependiente	le vendeur
el escaparate; en los estantes	la vitrine ; sur les rayons
regatear; el regateo	marchander ; le marchandage

▷ 10 phrases à retenir

1. Ronda las diez mil pesetas. — *Cela avoisine les dix mille pesètes.*
2. Esto conlleva un riesgo, ¡no lo hagas a tontas y a locas! — *Cela comporte un risque, ne te lance pas à l'aveuglette !*
3. No quiso cambiar nada en su plan de inversiones. — *Il n'a rien voulu changer à son plan d'investissement.*
4. Podemos hacer un trato ventajoso si pagamos al contado. — *Nous pouvons faire un marché avantageux si nous payons au comptant.*
5. No hay que descartar esta oferta. — *Il ne faut pas écarter cette offre.*
6. Este asunto no es de mi competencia. — *Cette affaire n'est pas de mon ressort.*
7. Tiene olfato para los negocios. — *Il a du flair pour les bonnes affaires.*
8. Conoce el intríngulis del negocio. — *Il connaît les ficelles du métier.*
9. Durante la guerra civil, muchos vivían del estraperlo. — *Pendant la guerre civile, beaucoup de gens vivaient du marché noir.*
10. Se le ha subido el éxito a la cabeza. — *Le succès lui est monté à la tête.*

▷ *Temas para el comentario o el debate*

1. La afición al fútbol en España. (Cf. Voc. II Sujet 10)
2. La expansión de las grandes urbes como Barcelona. (Cf. Voc. I Sujet 4)
3. ¿Es importante tener una meta en la vida o poner un broche final a una vida de esfuerzos? (Cf. Voc. II Sujet 13)
4. Los Juegos Olímpicos.
5. La publicidad y el deporte.

¿TENTATIVAS DE REPOBLACIÓN? MIGUEL, EL « HIPPY »

Miguel, el « hippy », es el pionero de esta tímida inmigración que, de un tiempo a esta parte[1], se observa en los pueblos serranos[2] de Burgos. Tras él fueron llegando otros jóvenes desengañados[3] que, bien emparejados[4] o en reducidas comunas, han ido estableciéndose en pueblos abandonados o con una población simbólica. ¿Puede significar esto el comienzo de la repoblación de estos pueblos, carentes[5] ya de jóvenes parejas para procrear?

De momento, la presencia de estos minúsculos grupos es testimonial. Ellos saben de lo que huyen – la ciudad hacinada[6] –, pero desconocen hasta los más elementales rudimentos de la vida campesina. No saben desenvolverse. Su vida, durante los primeros meses, es libre, sí, pero desconcertada, de tanteo[7] y, salvo en algún caso concreto, sin objetivos definidos, sin un programa, mejor o peor hilvanado[8], de regeneración campesina. Viven simplemente. Algunos se cansan, renuncian pronto, se van, pero no tardan en ser sustituidos por otros. Miguel, el « hippy » titubea a la hora de franquearse[9], pero, al poco rato, adquirida una cierta temperatura confidencial, llega incluso a ser locuaz: – Mire, yo en la ciudad no pintaba nada[10], ¿no? Y no por problemas de colocación, sino porque no me gustaba, la verdad, no acertaba a adaptarme al sistema que allí rige. Las ciudades que he conocido estaban ya muy quemadas, han ido creciendo, creciendo, y, llega un momento en que nadie sabe para qué están, ni para qué sirve una cosa tan grande… Y lo peor es que esto no hay quien lo pare, que hay muchos intereses en juego y es como una cadena sin fin, que una cosa engendra la otra y si un día, por casualidad, se parase, sería una catástrofe; gente sin trabajo, falta de servicios, dinero que no corre… el caos. ¿Mi vida, dice? Mire, yo, para empezar, aunque quehaceres no me faltan, no uso reloj, tengo cuarenta cabras que me procuran leche, yogur y queso, crío gallinas, patos y conejos y, para desengrasar[11] trabajo el campo: ¿qué más quiere? Con esto nos abastecemos[12], ¿no?

Pero, como ya le dije, la restauración de la vieja comunidad rural es difícil ; yo dudo que este pueblecito vuelva a ser lo que era. La cosa sería más fácil partiendo de cero, en un pueblo vacío, a la disposición de todo el que quisiera instalarse en él. Pero hacerlo donde ya hay gente, como es el caso, obliga a respetar ciertas normas, ciertas costumbres, a plegarse a lo que hay. En este caso, a lo más que podemos aspirar, es a vivir al lado de los que ya están, es decir, a convivir y ayudarnos mutuamente.

Miguel DELIBES, *Castilla habla*, Barcelona (1986)

(1) de un tiempo a esta parte: desde hace cierto tiempo hasta hoy.
(2) serranos: de la sierra.
(3) desengañados: *déçus, désabusés.*
(4) emparejado: en parejas.
(5) carentes de: *manquant de.*
(6) hacinada: de población hacinada (*entassée*).
(7) tanteo: *tâtonnements.*
(8) hilvanado: *ébauché.*
(9) franquearse: confiarse.
(10) no pintaba nada: *je n'avais rien à y faire.*
(11) desengrasar: perder kilos.
(12) nos abastecemos: *nous subvenons à nos besoins.*

I. Compréhension du texte

1. ¿Qué movimiento describe el autor al principio del texto?
2. Explique la expresión: « es el pionero ».
3. ¿Cómo se adapta Miguel a su nueva vida?

II. Expression personnelle

1. Estudie los elementos que pudieron motivar la decisión de Miguel de instalarse en un pueblecito.
2. Comente usted la frase siguiente:
   « Ellos saben de lo que huyen – la ciudad hacinada –, pero desconocen hasta los más elementales rudimentos de la vida campesina. » (lignes 7-9)
3. ¿Qué reflexiones le inspira la frase de Miguel: « la restauración de la vieja comunidad rural es difícil. » (ligne 28)

III. Compétence linguistique (L LV2, ES, S)

1. a) Mettre au futur les phrases suivantes

« No saben desenvolverse. » (ligne 9)
« Algunos se cansan, renuncian pronto, se van, pero no tardan en ser sustituidos por otros. » (lignes 13-14)

b) Mettre la phrase suivante au passé

« Yo dudo que este pueblecito vuelva a ser lo que era. » (ligne 29)

c) Réécrire la phrase suivante au pluriel

« ¿Mi vida, dice? Mire, yo, para empezar, aunque quehaceres no me faltan, no uso reloj, tengo cuarenta cabras que me procuran leche, yogur y queso. »
(lignes 24-26)

2. Compléter les phrases suivantes en conservant l'esprit du texte

Si un día, por casualidad, se parase esta experiencia…
La cosa sería más fácil si…

3. En respectant la logique du texte, réemployer chaque structure soulignée dans une nouvelle phrase

a) Lo peor es que no hay quien lo pare.

b) Tras él <u>fueron llegando</u> otros jóvenes desengañados. (Utiliser un autre verbe que « llegar »)

4. Traduction

Traduire depuis : « …yo dudo que este pueblecito… » (ligne 29) jusqu'à la fin.

III. Traduction (L LV1)

Traduire depuis « Y lo peor… » jusqu'à « instalarse en él. » (lignes 20-31)

CORRIGÉ

I. Compréhension du texte

1. El autor evoca el principio de un movimiento de inmigración hacia el campo, más precisamente la sierra de Burgos, por parte de jóvenes defraudados por la ciudad. Estos jóvenes prefieren ir a vivir en pueblos abandonados donde sólo quedan unos viejos y el autor se pregunta si este fenómeno seguirá desarrollándose y permitirá repoblar aldeas deshabitadas.

2. El autor, tildando a Miguel de « pionero », hace hincapié en el aspecto aventurero que representa la empresa para unos ciudadanos que han venido sin estar preparados, « sin objetivos definidos ». Lo único que les lleva es una visión idealizada del retorno a la naturaleza y pronto reparan en lo austero del campo castellano y lo ardua que es una vida laboriosa sin muchas diversiones. Por lo tanto renuncian. Pero los hay que se empeñan y, como Miguel, dan pruebas de valor para llevar a buen término su intento de construirse otra vida en el campo. Tal vez Miguel inaugure un movimiento, hoy tímido, pero que se irá ampliando, pues, como lo señala el autor, llegan unos jóvenes que sustituyen a los que dimiten.

3. Miguel se adapta bien a su nueva vida porque sabe contentarse con poco. Aprende a vivir con sencillez y con pocos recursos: cultiva la tierra y cría algunos animales que le proporcionan el sustento. No le falta ánimo, por eso acepta llevar una vida laboriosa. Además va adaptándose a la gente que sigue viviendo en el pueblo e intenta vivir con ella en un respeto mutuo.

II. Expression personnelle

1. Este deseo de retorno a la naturaleza se explica por la desilusión de ciertos jóvenes, « desengañados » como lo dice el autor desde el principio. Lo que los mueve es más bien huir de una realidad que ya no aguantan antes que un verdadero proyecto de regeneración de la vida campesina. El primer aspecto negativo que señala el autor es el agobio que generan las urbes superpobladas (« la ciudad hacinada »). El mismo

Miguel da parte del gigantismo absurdo de las ciudades hongos que « han ido creciendo, creciendo » donde el individuo se interroga acerca del papel que le toca desempeñar. El desarrollo urbanístico genera el anonimato, la deshumanización que desemboca en el desarraigo de una parte de la juventud que no atina a encontrarle un sentido a la vida y que pierde toda motivación social. Así lo comenta Miguel de manera coloquial: « yo en la ciudad no pintaba nada ». Estas ciudades que han crecido de modo anárquico, sin finalidad aparente, han perdido su alma, y sus habitantes parecen desorientados, faltos de proyectos, de ideales. Lo único que impera en este « sistema » son, por lo visto, los « intereses en juego », o sea el dinero, el consumo.

Cabe recalcar que no es el paro el que ha marginado a Miguel (« no por problemas de colocación »), sino el rechazo de un modo de vida que no le convenía. Para él, la sociedad avanza sin rumbo, « como una cadena sin fin », de modo insensato igual que una rueda infernal y si hubiera un fallo en el engranaje, todo se vendría abajo, de manera apocalíptica; sería « el caos ». No son problemas económicos los que han motivado su huida sino más bien una concepción de vida reacia a la sociedad de consumo.

2. Estos jóvenes que « saben de lo que huyen » no están preparados a la vida que los espera y se encuentran por lo tanto frente a una realidad desconocida cuyos obstáculos son difíciles de superar. Así es como algunos jóvenes terminan por renunciar a esta experiencia de la vida rural a la que no logran acostumbrarse. Si viven libres, « simplemente », pronto se dan cuenta de que están inexperimentados y que ignoran « los más elementales rudimentos de la vida campesina ». Después de algunos intentos fracasados, los hay que se desaniman y capitulan. No extraña que les resulte difícil a los jóvenes ciudadanos vivir en el campo, ya que, acostumbrados a ciertas comodidades, no saben cómo se trabaja la tierra, no imaginan lo penosas que son las faenas del campo. Han de aprender a labrar o a criar el ganado. Cuando llegan a estos « pueblos abandonados o con una población simbólica », nadie les enseña a cultivar, tienen que arreglárselas solos, siendo como forasteros para los pocos viejos que quedan y que tal vez no estén muy dispuestos, así de buenas a primeras, a echarles una mano, transmitiéndoles su saber.

3. La experiencia de estos jóvenes remite al tema de la vida en comunidad. Efectivamente al volver a un mundo más cercano a la naturaleza tratan de reconstruir la « vieja comunidad rural ». Pues lo que procuran olvidar es el anonimato o el individualismo que reinan en las grandes urbanizaciones. Intentan reanudar con una vida más solidaria ya que adaptarse a la vida campesina requiere vínculos más estrechos entre los vecinos. Se hacen necesarias la convivencia y la ayuda mutua, como lo puntualiza Miguel, el « hippy ». No se recrea esta red de solidaridad de la noche a la mañana. Los recién llegados tienen que conformarse con los hábitos de los aldeanos que tal vez no correspondan a la visión idílica que se hayan forjado. Tampoco pueden imponer nuevas concepciones de vida a unas personas cuya mentalidad cambia más bien lentamente. Deben tener en cuenta el modo de vivir de los autóctonos. Seguro que en estos pueblos desconcierta la llegada de unas parejas sin casar o viviendo en « reducidas comunas ».

Esta búsqueda de la vida comunitaria es un fenómeno que se dio en muchos países industrializados, por ejemplo con el movimiento hippy o con grupos ecologistas franceses que se fueron a criar ovejas en el Larzac. Si fueron desapareciendo las utopías que animaban a estos grupos, como la idea de partir de zero o la ilusión de volver a descubrir un paraíso perdido, sin embargo persiste el deseo de una vida menos individualista, más humana y respetuosa del entorno. Mientras el individuo se sienta aislado en la metrópoli perdurará el ansia de defender valores comunitarios.

III. Compétence linguistique

1. **a)** No sabrán desenvolverse.
   Algunos se cansarán, renunciarán pronto, se irán, pero no tardarán en ser sustituidos por otros.
   b) Yo dudaba que este pueblecito volviera a ser lo que había sido (era).
   c) ¿Nuestra vida, dice? Mire, nosotros, para empezar, aunque quehaceres no nos faltan, no usamos reloj, tenemos cuarenta cabras que nos procuran leche, yogur y queso.
2. Si un día, por casualidad, se parase esta experiencia, yo estaría muy defraudado y no me gustaría en absoluto volver a la ciudad.
   La cosa sería más fácil si nos estableciéramos en un pueblo donde no viviera nadie.
3. **a)** No hay quien aguante la desmesura de las ciudades de hormigón.
   b) Los jóvenes ciudadanos van adaptándose a las faenas del campo.
4. Moi, je doute que ce petit village redevienne ce qu'il était. Ce serait plus facile en partant de zéro, dans un village vide, à la disposition de quiconque voudrait s'y installer. Mais le faire où il y a déjà des gens comme c'est le cas, cela oblige à respecter certaines normes, certaines habitudes, à se plier à ce qui existe. Dans ce cas, ce à quoi nous pouvons aspirer tout au plus c'est à vivre auprès de ceux qui sont déjà là, c'est à dire à cohabiter et à nous aider mutuellement.

III. Traduction (L LV1)

Et le pire c'est que personne ne peut arrêter cela, car il y a beaucoup d'intérêts en jeu et c'est comme une chaîne sans fin, une chose engendre l'autre et si un jour, par hasard, cela s'arrêtait, ce serait une catastrophe, des gens sans travail, des services défaillants, de l'argent qui ne circule plus... le chaos. « Ma vie, dites-vous ? Vous savez, moi, d'abord, bien que les tâches ne manquent pas, je n'ai pas de montre, j'ai quarante chèvres qui me fournissent lait, yaourt et fromage, j'élève des poules, des canards et des lapins et, pour perdre des kilos, je cultive la terre : que voulez-vous de plus ? Avec ça nous subvenons à nos besoins, non ?
Mais, comme je vous l'ai déjà dit, la restauration de la vieille communauté rurale est difficile ; moi, je doute que ce petit village redevienne ce qu'il était. Ce serait plus facile en partant de zéro, dans un village vide, à la disposition de quiconque voudrait s'y installer.

RAPPELS GRAMMATICAUX

◆ « USTED » ET LE VOUVOIEMENT

– Attention : la formule de politesse ne se traduit jamais par « vosotros ».
– Le vouvoiement s'exprime à la **3ème personne** du singulier ou du pluriel.
– Il faut penser à employer les pronoms personnels ainsi que les pronoms et adjectifs possessifs correspondant à la 3ème personne.

Usted no sa**be** lo que di**ce**.
Ustedes no sa**ben** lo que di**cen**. .... *Vous ne savez pas ce que vous dites.*

Señor, este recado es para **usted**. .... *Monsieur, ce message est pour vous.*
Le hablé a menudo de **ustedes**. .... *Je lui ai souvent parlé de vous.*
Le dije a **usted** que telefone**ara**. .... *Je vous ai dit de téléphoner.*
Es **suyo**, ¡tómelo! .... *C'est à vous, prenez-le !*
Es **su** abrigo, ¡pón**gase**lo! .... *C'est votre manteau, mettez-le !*

Exercice complémentaire I

Passer au vouvoiement

1. ¡Vete y no vuelvas!
2. Te aconsejo que salgas con él.
3. ¡Acoged a vuestros amigos!
4. Lo trajimos para ti aunque no nos lo pediste.
5. ¡Llévatelo contigo! es tuyo.

◆ EMPLOIS DE « SER » (Cf. RG « estar » Sujet 5)

1) Devant un **nom, pronom, infinitif**

Es un niño muy serio. .... *C'est un enfant très sérieux.*
Soy yo el director. .... *C'est moi le directeur.*

2) Devant un **adjectif** pour exprimer une caractéristique

Este edificio **es** muy alto. .... *Cet édifice est très haut.*
Miguel **es** joven. .... *Miguel est jeune.*

3) Pour **définir** (origine, matière, propriété, profession, quantité)

Eramos cinco. .... *Nous étions cinq.*
Soy de Madrid. .... *Je suis de Madrid.*
Este libro **es** de mi primo. .... *Ce livre est à mon cousin.*

4) Devant un **participe passé** (voix passive)

Las hojas **fueron** llevadas por el viento. .... *Les feuilles furent emportées par le vent.*

• Remarque : l'espagnol préfère la voix active (el viento se llevó las hojas).

Exercice complémentaire II

Compléter par « ser » ou « estar »

1. Estos empresarios japoneses ... muy ricos.
2. Este escritorio ... de madera.
3. Acabamos de aprobar: ... muy alegres.
4. Lo difícil ... convencerlo.
5. No consigo leer lo que ... escrito.

◆ Les sens de « volver », « volverse », « volver a »

1) **Volver**

– *revenir*
No **volveré** nunca a la ciudad. .... *Je ne reviendrai jamais à la ville.*

– *tourner*
Volvió la espalda. .... *Il tourna le dos.*

– *rendre*
Esto **volvería** loco a cualquiera. .... *Cela rendrait fou n'importe qui.*

2) **Volverse**

– *devenir (transformation radicale)*
Se ha vuelto loco. .... *Il est devenu fou.*

– *se retourner*
Me volví de repente. .... *Je me suis retourné tout à coup.*

3) **Volver a + inf** sert à exprimer la répétition. Il a pour équivalent **de nuevo, otra vez**.

Vuelve a nevar.
Nieva **de nuevo**. } .... *Il se remet à neiger.*
Nieva **otra vez**.

Exercice complémentaire III

Remplacer la tournure en italiques par la tournure équivalente avec « volver »

1. Es necesario *regresar* a casa temprano.
2. El sueño *se convirtió en* una pesadilla.
3. La luz *hacía* la secuencia más patética.
4. *Leí otra vez* esta novela.
5. Al *doblar* la esquina, topé con él.

VOCABULAIRE THÉMATIQUE
I. LA CIUDAD Y SUS PROBLEMAS

vivir en la ciudad	*vivre à la ville*
las urbes mayores	*les villes les plus grandes*
el estrés de los ciudadanos	*le stress des citadins*
la desmesura de la urbanización	*la démesure de l'urbanisation*
las urbanizaciones suburbanas	*les lotissements de banlieue*
los núcleos urbanos	*les grands ensembles*
la soledad en los conjuntos urbanísticos	*la solitude dans les grands ensembles*
las viviendas de protección social	*les logements sociaux*
la arquitectura inhumana	*l'architecture inhumaine*
la especulación de los promotores	*la spéculation des promoteurs*
los inquilinos; alquilar	*les locataires ; louer*
el aumento de los alquileres	*l'augmentation des loyers*
la crisis de la vivienda	*la crise du logement*
las afueras inhóspitas	*les banlieues inhospitalières*
amontonados en los suburbios	*entassés dans les banlieues*
las ciudades dormitorio	*les villes-dortoirs*
la monotonía de las colmenas	*la monotonie des cages à lapins*
los rascacielos de hormigón	*les gratte-ciel en béton*
los inmuebles de cemento	*les immeubles en ciment*
rodeado de asfalto	*entouré d'asphalte*
los barrios desheredados	*les quartiers défavorisés*
el vecindario	*les habitants, le voisinage*
el crecimiento de la población	*la croissance de la population*
las zonas de recreo	*les aires de jeux*
las zonas verdes	*les espaces verts*
un descampado	*un terrain vague*
las pintadas en los muros	*les graffiti sur les murs*
la contaminación ambiental	*la pollution de l'environnement*
El aire está contaminado.	*L'air est pollué.*
los humos de las fábricas	*les fumées d'usines*
los tubos de escape de los coches	*les pots d'échappement des voitures*
el casco urbano colapsado	*le centre-ville obstrué*
la vía de circunvalación	*le boulevard périphérique*
Huele a gasolina.	*Cela sent l'essence.*
la contaminación acústica	*les nuisances sonores*
los ecologistas	*les écologistes*
los problemas ecológicos	*les problèmes écologiques*
los usuarios	*les usagers*
preservar el medio ambiente, el entorno	*préserver l'environnement*
salvaguardar la naturaleza	*sauvegarder la nature*
destruir el ecosistema	*détruire l'écosystème*

la suciedad de las calles	*la saleté des rues*
el efecto invernadero	*l'effet de serre*
la repoblación forestal, la reforestación	*le reboisement*
el peligro nuclear	*le danger nucléaire*
los residuos radiactivos	*les déchets radioactifs*
la placa solar	*le capteur solaire*
un generador eólico	*une éolienne*
los colectivos marginados	*les groupes marginalisés*
vivir al margen	*vivre en marge*
la marginación	*la marginalisation*
los sin techo	*les sans abri, les SDF (sans domicile fixe)*
un foco potencial de delincuencia	*un foyer potentiel de délinquance*
los okupas	*les squatters*
el drogadicto	*le drogué*
el camello	*le « dealer »*
el chequeo	*le contrôle d'identité*
los inmigrantes clandestinos	*les émigrés clandestins*
el trabajo clandestino	*le travail au noir*
estar indocumentado	*ne pas avoir de papiers*
renovar el carnet de residente	*renouveler sa carte de séjour*
los charnegos (en Cataluña)	*les émigrés d'autres régions*
la difícil convivencia	*la cohabitation difficile*
los grupos étnicos excluidos	*les groupes ethniques exclus*

▷ 10 phrases à retenir

1. La población creció en un diez por ciento. — *La population a augmenté de 10 %.*
2. Son numerosas las plagas que azotan a las ciudades industrializadas. — *De nombreux fléaux frappent les villes industrialisées.*
3. El ayuntamiento debería preocuparse por la rehabilitación del casco viejo. — *La municipalité devrait se préoccuper de la réhabilitation du vieux centre-ville.*
4. Habría que mantener limpias las aceras. — *Il faudrait que les trottoirs restent propres.*
5. El anonimato en las grandes urbes perjudica las relaciones humanas. — *L'anonymat dans les grandes villes nuit aux relations humaines.*
6. La influencia del movimiento ecologista es cada vez mayor. — *L'influence du mouvement écologiste est de plus en plus grande.*
7. Las industrias contaminantes destruyen el equilibrio de la naturaleza. — *Les industries polluantes détruisent l'équilibre de la nature.*
8. Las pintadas de los jóvenes expresan un malestar y la voluntad de existir. — *Les graffiti des jeunes expriment un malaise et la volonté d'exister.*
9. Los emigrantes se hallan marginados en barrios-guetos. — *Les émigrés se retrouvent marginalisés dans des ghettos.*
10. Resulta difícil contrarrestar la delincuencia juvenil. — *Il est difficile de combattre la délinquance juvénile.*

Vocabulaire thématique
II. El retorno a la naturaleza / Las faenas del campo

retirarse al campo	se retirer à la campagne
establecerse en la sierra	s'installer à la montagne
buscar un abra de paz	chercher un havre de paix
el sosiego ; la quietud	la tranquillité ; la quiétude
una vida bucólica	une vie bucolique
un lugar ameno	un lieu agréable
la velada al amor de la lumbre	la veillée au coin du feu
despertar (ie) con el canto del gallo	se réveiller au chant du coq
huir de las ciudades industriales	fuir les villes industrielles
vivir al aire libre	vivre au grand air
descansar bajo los chopos	se reposer sous les peupliers
al pie del olmo	au pied de l'orme
Se yergue (erguir) un roble.	Un chêne se dresse.
recoger la leña	ramasser du bois
una choza de madera	une chaumière en bois
encender fuego	faire du feu
quemar la hojarasca	brûler les feuilles mortes
vivir en una granja	vivre à la ferme
un cortijo (Andalucía)	une ferme
criar el ganado	élever le bétail
el rebaño de ovejas	le troupeau de moutons
esquilar los corderos	tondre les moutons
la majada	la bergerie
ordeñar las vacas	traire les vaches
las gallinas en el corral	les poules dans la basse-cour
las faenas agrícolas	les travaux agricoles
el campesino, el labrador, el labriego	le paysan, le laboureur, le cultivateur
el jornalero	le travailleur saisonnier
labrar la tierra con el arado	labourer la terre avec la charrue
trazar los surcos	tracer les sillons
diversificar los cultivos	diversifier les cultures
una cosecha abundante	une récolte abondante
sembrar (ie) y cosechar	semer et récolter
las tierras de regadío	les terres irriguées
las tierras de secano	les terres non irriguées
la acequia	le canal d'irrigation
regar (ie) ; el riego	irriguer ; l'irrigation
un huerto fértil	un jardin fertile
los yermos	les terres incultes
el trigal ; el olivar	le champ de blé ; l'oliveraie
recoger las aceitunas	ramasser les olives

el estiércol; el abono	*le fumier ; l'engrais*
la horca y la hoz	*la fourche et la faucille*
la segadora trilladora	*la moissonneuse-batteuse*
segar (ie); los segadores	*moissonner, faucher ; les moissonneurs*
la vendimia; el racimo de uvas	*les vendanges ; la grappe de raisins*

▷ 10 phrases à retenir

1. El movimiento del retorno a la naturaleza se inició en los años 70. — *Le mouvement du retour à la nature a commencé dans les années 70.*
2. A los jipis les gustaba vivir en comunidad en el campo. — *Les hippys aimaient vivre en communauté à la campagne.*
3. Este fenómeno, más tardío en España, se vincula con la ecología. — *Ce phénomène, plus tardif en Espagne, est lié à l'écologie.*
4. Ocurre que los autóctonos rechacen a los forasteros. — *Il arrive que les autochtones rejettent les étrangers.*
5. Da gusto llevar una vida campestre. — *Il est agréable de mener une vie champêtre.*
6. Ha desaparecido la figura del sembrador esparciendo la semilla. — *Le personnage du semeur répandant la semence a disparu.*
7. Lo que seduce es la vida apacible de la que disfruta el pastor. — *Ce qui séduit, c'est la vie paisible dont jouit le berger.*
8. Cuando esté madura la fruta, empezará la cosecha. — *Quand les fruits seront mûrs, la récolte commencera.*
9. Tejiendo la lana de sus corderos, sueñan con la vida de antaño. — *Ils rêvent de la vie d'autrefois en tissant la laine de leurs moutons.*
10. Es utópico creer que se acostumbra uno fácilmente a la vida rural. — *Il est utopique de croire qu'on s'habitue facilement à la vie rurale.*

▷ *Temas para el comentario o el debate*

1. El retorno a la naturaleza. (Cf. Voc. II Sujet 11)
2. El éxodo rural.
3. Ciudad o campo. (Cf. Voc II Sujet 11 et Voc. II Sujet 7)
4. Marginación. (Cf. Voc. II Sujet 1)
5. El movimiento « hippy ».
6. ¿Es irreversible el gigantismo urbanístico actual?

SUJET 5

L LV1, L LV2, ES, S, STT

GORRIONES[1] QUINCEAÑEROS[2]

Da gozo[3] ver cómo alegran los barrios residenciales y las urbanizaciones de lujo: sobre el cuerpo las etiquetas identificadoras, litronas y cigarrillos en la mano, una moto entre las piernas. Agrupados en bandadas, se aíslan de los demás mortales con un foso de ruido y entre ellos se reconocen por el
5 atuendo[4] específico de sus quince años y se comunican con interjecciones y palabras que nunca llegan a completar una frase. Tienen conciencia de que están atravesando un período fugaz: ayer no se movían de la televisión y mañana dispondrán de un coche. Entonces comenzará la vida y de momento tienen prisa: algo les retoza[5] en su cuerpo desasosegado[6]. No pueden
10 permanecer quietos mucho tiempo en el mismo lugar. Están picoteando tranquilamente en una esquina y de pronto, sin que nadie sepa exactamente por qué, aceleran sus motos y, de dos en dos, levantan el vuelo para posarse unos metros más allá y continuar haciendo lo mismo: estar juntos.

Avanzada la noche han de regresar al nido y cambiar la bandada por la
15 familia. Si hay suerte[7], los padres están cenando fuera o sentados ante la televisión. Si por desgracia están en casa, resulta inevitable representar la comedia de siempre. El padre se cree en la obligación de fingirse preocupado y severo y la madre singularmente cariñosa. Pero todos los protagonistas saben de sobra que lo único que importa a los padres es que los hijos no les
20 molesten ni les quiten el tiempo o les hurguen[8] su mala conciencia.

Los hijos reaccionan ante la agresión paterna con amenazas de desafecto e indiferencia, obligando a los padres a comprar la paz con dinero y más libertad... Unos se encierran en su habitación a oír música y los otros continúan viendo el partido de fútbol. Bien avanzado el día siguiente, vol-
25 verán a agruparse en la calle estas bandadas de gorriones callejeros[9] de lujo y así hasta que llegue el momento de emigrar a la playa.

Alejandro NIETO, *El Independiente*, (1990)

(1) gorriones: *moineaux*.
(2) quinceañeros: de quince años.
(3) gozo: alegría, placer.
(4) atuendo: la ropa que visten.
(5) retozar: agitarse.
(6) desasosegado: inquieto.
(7) si hay suerte: *les jours de chance*.
(8) hurgar: *fouiller, remuer*.
(9) callejero: de la calle.

I. Compréhension du texte

1. Muestre que estos adolescentes pertenecen a un medio social bastante rico.
2. Complete: Se pasan el día...
3. Complete: Avanzada la noche tienen que... pero...

II. Expression personnelle

1. ¿Cómo viene presentada la adolescencia?
2. **(toutes séries sauf STT)** Analice usted la metáfora de los gorriones partiendo de todas las palabras y expresiones del texto que la constituyen.
3. Estudie las relaciones que existen entre estos adolescentes y sus padres.

III. Compétence linguistique (L LV2, ES, S)

1. Réemployer la structure suivante, en remplaçant les mots soulignés, dans une nouvelle phrase ayant un rapport avec le texte

« Da <u>gozo</u> <u>ver</u> cómo alegran… » (ligne 1)

2. Réécrire la phrase suivante en remplaçant la structure soulignée par une tournure équivalente

« <u>Nunca</u> llegan a completar una frase. » (ligne 6)

3. Mettre la phrase suivante au passé

« Están picoteando tranquilamente en una esquina y de pronto, sin que nadie sepa exactamente por qué, aceleran sus motos… » (lignes 10-12)

4. Écrire une autre suite à la phrase suivante en respectant la logique du texte

« Lo único que importa a los padres es que… » (ligne 19)

5. Traduire à partir de :

« Unos se encierran en su habitación… » (ligne 23) jusqu'à la fin.

III. Traduction (STT)

Traduire à partir de : « Unos se encierran en su habitación… » (ligne 23) jusqu'à la fin.

III. Traduction (L LV1)

Traduire à partir de : « Avanzada la noche... » (ligne 14) jusqu'à la fin.

CORRIGÉ

I. Compréhension du texte

1. Estos jóvenes llevan una vida acomodada ya que todos poseen una moto y pronto tendrán un coche. Viven en barrios residenciales y urbanizaciones de lujo. Tienen dinero para comprarse tabaco y cerveza y para veranear en la costa. Visten ropa de marca. Por lo visto sus padres suelen cenar en casa de amigos o en restaurantes y no vacilan en darles dinero para gastos menudos. A estos chicos no les preocupa el porvenir pues pertenecen a una clase social adinerada.

2. Se pasan el día en la calle bebiendo y fumando en grupo. No hacen nada interesante. Lo único que les divierte es juntarse en pandillas alegres y ruidosas. Se mueven sin parar, desplazándose en bandadas de una calle a otra.

3. Avanzada la noche tienen que volver a casa pero no les gusta nada por eso se aíslan en su habitación. Rehuyen enfrentarse con sus padres. Éstos aparentan cumplir con su papel aunque impera una indiferencia mutua.

II. Expression personnelle

1. Estos chicos quinceañeros están en un período transitorio, entre el ayer estático de la infancia en que observaban el mundo, « ayer no se movían de la televisión », y un futuro anhelado, el « mañana » de la edad madura en que ejercerán un oficio, tendrán la edad legal que les permita hacerlo todo y formar parte de la sociedad de los mayores. « Entonces comenzará la vida ». De momento, su mundo egoísta rechaza a los adultos de los que se apartan « con un foso de ruido ». Viven este intervalo como un lapso de tiempo brevísimo del que hay que disfrutar sin preocuparse demasiado por el porvenir ya que « mañana dispondrán de un coche », símbolo de la mayoría de edad y signo de un triunfo social indudable. Esperan ansiosos en el umbral de este futuro próximo, y por ahora no saben a que atenerse; pero lo que sí saben es que este momento efímero, entre paréntesis, más vale vivirlo como un torbellino embriagador. Apuran el instante viviendo de prisa para llegar cuanto antes a mayores.

Al puntualizar que « algo les retoza en su cuerpo desasosegado », Nieto nos da la clave de esta inestabilidad, reflejo de la insatisfacción que conocen los adolescentes. Ya no son niños y notan los cambios fisiológicos que les van convirtiendo poco a poco en hombres. Sienten en su cuerpo, al tiempo que un estirón, un despertar y una impaciencia. No dejará de preocuparles esta sensación desconocida, este cambio. Sus movimientos incesantes, « no pueden permanecer quietos », traducen esta inquietud que no quieren confesarse. Es esta misma comezón la que los induce a juntarse con otros de la misma edad en un presente ruidoso, lleno de vitalidad y de agitación algo vana: « aceleran sus motos, levantan el vuelo ». Les tranquiliza encontrar a sus semejantes y el cobijo de la tribu en este período movedizo e inconfortable de su vida.

2. Lo original de la descripción de los adolescentes reside en la imagen continuada de los gorriones. Aunque sólo al final surge la palabra « gorriones » el periodista-ornitólogo recurre, a lo largo del texto, a un vocabulario adaptado a los pájaros. Es acertada la comparación con estas aves porque los jóvenes tienen con los gorriones varios puntos en común. Unos y otros se dezplazan en « bandadas » que gorjean alegres. La connivencia de los chicos es tal que ni siquiera necesitan darse contraseñas. De modo imprevisible, « de dos en dos, levantan el vuelo para posarse unos metros más allá ». Se pasan mucho tiempo juntos, en las calles, al aire libre como los pájaros y resulta difícil individualizar a esos quinceañeros que se parecen y se reconocen por los mismos atributos y signos exteriores. Al decir que « se aíslan de los otros mortales » el articulista sugiere que su modo de vivir los acerca más a los pájaros que a los hombres. Apenas hablan. Comunican entre sí mediante un lenguaje mínimo, a base de frases sin acabar o palabras sueltas, algo parecido al pío de las aves.

Lo que también los asemeja a los gorriones es esa inestabilidad que les empuja a volar de un lugar a otro sin parar. Tienen hormiguillo, por eso alzan el vuelo sin ton ni son, como lo haría un pájaro después de « picotear », y ese vaivén incesante e inmotivado se le antoja al observador puro capricho. Son ociosos y se contentan con « estar juntos ». Se diría que lo único que les mueve es un instinto tribal, un comportamiento borreguil. Basta con que uno emprenda el vuelo para que todos lo sigan de consuno. En verano, se convertirán en aves de paso que huirán del nido. Emigrarán hacia cálidas comarcas, en un vuelo liberador. No cabe duda de que allá repetirán lo mismo.

3. Es sobrecogedora la evocación que nos ofrece el autor del núcleo familiar. Los adolescentes que están a gusto en la calle, viviendo con su tribu, vuelven a casa a regañadientes y lo más tarde posible: « avanzada la noche ». Es que no tienen más remedio – « han de regresar » – y vuelven a casa como uno cambia de ropa cada día. Se resignan a esa costumbre diaria: « cambiar la bandada por la familia ». No esperan nada del encuentro con los padres. Al contrario, prefieren evitarlos: « Si hay suerte, los padres están cenando fuera », « si por desgracia están en casa », « la agresión paterna ». El periodista adopta aquí el punto de vista de los adolescentes que sufren la convivencia con sus padres como una lata. Ni se les ocurre rebelarse. Lo que buscan es la « libertad total con pensión completa ». No quieren que se les ponga trabas.

Se sabe de sobra que la adolescencia es un período en que las relaciones entre padres e hijos se hacen conflictivas pero es apabullante la frialdad del nido familiar tal como lo pinta Nieto. Por lo visto, el hogar no es para nada un nido acogedor. Aquí no se les dio calor a los críos ni se les enseñó a volar o, por lo menos, eso creerán los chicos, tal vez desagradecidos. Se podría aludir a la edad del pavo, para emplear la imagen de otro volátil, pero me llama la atención el comportamiento que el autor les echa en cara a los padres, y que denuncia con tono mordaz y expresiones violentas tales como: « representar la comedia », « se cree en la obligación de fingir ». Si los padres y los hijos hablan, no es para comunicarse sino para hacer chantaje, agredir o fingir. La convivencia forzosa se compra y cada uno se encierra en un mundo hermético. Me indigna la dimisión de estos mayores pusilánimes que han abdicado su papel de padres y han renunciado a su misión educativa para aislarse en un mundo egoísta. Le conceden al hijo lo que pide con tal que los deje en paz: « lo único que importa a los padres es que los hijos no les molesten ni les quiten el tiempo o les hurguen su mala conciencia ». Tal vez sea exageradamente pesimista el cuadro que bosqueja el articulista. ¡Ojalá no sea así en la realidad!

III. Compétence linguistique (L LV2, ES, S)

1. Da pena saber cuánto se aburren en casa estos adolescentes.
2. Jamás llegan a completar una frase (no llegan nunca a completar una frase).
3. Estaban picoteando tranquilamente en una esquina y de pronto, sin que nadie supiera exactamente por qué, aceleraron sus motos.
4. Lo único que importa a los padres es que sus hijos no les reprochen nada y les dejen ver la televisión.
5. Les uns s'enferment dans leur chambre pour écouter de la musique et les autres continuent à regarder le match de football. Le lendemain, tard dans la matinée, ces bandes de moineaux huppés des rues se reformeront dans la ville et ainsi de suite jusqu'à ce que vienne le moment d'émigrer à la plage.

III. Traduction (STT)

cf. 5 ci-dessus

III. Traduction (L LV1)

Tard dans la nuit, ils doivent regagner leur nid et troquer la bande de copains contre la famille. Les jours de chance, les parents dînent à l'extérieur ou sont assis devant le téléviseur. Si par malheur ils sont à la maison, il faut inévitablement jouer toujours la même comédie. Le père se croit dans l'obligation de faire comme s'il était inquiet et sévère et la mère particulièrement affectueuse. Mais tous les protagonistes savent parfaitement que la seule chose qui importe aux parents c'est que leurs enfants ne les dérangent pas, ne leur prennent pas leur temps et ne réveillent pas leur mauvaise conscience. Les enfants réagissent, face à l'agression paternelle, par des menaces de désaffection et d'indifférence, obligeant les parents à acheter leur tranquillité avec de l'argent et en échange d'une plus grande liberté. Les uns s'enferment dans leur chambre pour écouter de la musique et les autres continuent à regarder le match de football. Le lendemain, tard dans la matinée, ces bandes de moineaux huppés des rues se reformeront dans la ville et ainsi de suite jusqu'à ce que vienne le moment d'émigrer à la plage.

RAPPELS GRAMMATICAUX

◆ LA PROPOSITION PARTICIPE

Dans la proposition participe, le participe doit toujours précéder le nom et s'accorder avec celui-ci.

Llegado el momento, se fue de vacaciones. .... *Le moment venu, il partit en vacances.*
Acabadas las compras, regresó a casa. .... *Ses achats terminés, il rentra chez lui.*

Exercice complémentaire I

Transformer les phrases suivantes en employant une proposition participe

1. Entornó los ojos y descansó en el sofá.
2. Después de inclinar la cabeza me arrodillé.
3. En cuanto terminó la novela puso el libro en la mesa de noche.
4. Cuando llegaron los niños ella preparó la merienda.
5. Me miró sorprendido, con las manos hundidas en los bolsillos.

◆ EMPLOIS DE « ESTAR » (CF. RG « SER » SUJET 4)

1) Pour exprimer une situation dans le **temps** ou dans l'**espace**

Estamos en invierno. .... *Nous sommes en hiver.*
Siempre **están** en la calle. .... *Ils sont toujours dans la rue.*

2) Pour exprimer une **circonstance**, une **position**

Estoy de vacaciones. .... *Je suis en vacances.*
¿Por qué **estás** de pie? .... *Pourquoi es-tu debout ?*

3) Devant un **adverbe**

Está muy bien. .... *C'est très bien.*

4) Devant un **adjectif** exprimant un état (même durable)

Siempre **estás** pensativo. .... *Tu es toujours pensif.*
Estábamos inquietos. .... *Nous étions inquiets.*

Exceptions : ser feliz, dichoso *(être heureux)*, ser infeliz, desdichado, desgraciado *(être malheureux)*

5) Devant un **participe passé** (état résultant d'une action terminée)

Ves, **está** herido. .... *Tu vois, il est blessé.*

6) Devant un **gérondif**

Está estudiando. ¡Déjalo! .... *Il est en train d'étudier. Laisse-le !*

Attention : un adjectif peut changer de sens selon qu'il est employé avec « ser » ou avec « estar ».

Quelques exemples :

ser bueno	être bon	estar bueno	être en bonne santé
ser malo	être méchant	estar malo	être malade
ser negro	être noir	estar negro	être furieux
ser listo	être intelligent	estar listo	être prêt
ser rico	être riche	estar rico	être bon, exquis (goût)

Exercice complémentaire II

Compléter les phrases suivantes avec le verbe « ser » ou le verbe « estar » au temps et à la personne qui conviennent

1. ¡Qué elegantes ... ¿Salís esta noche?
2. No podía acudir a la cita puesto que ... enfermo.
3. Mi madre siempre ... de buen humor.
4. El gazpacho que comí ayer ... riquísimo.
5. ... listo, lo entiende todo.

◆ FORMATION DE L'ADVERBE DE MANIÈRE

Pour former un adverbe on ajoute **-mente** à la forme **féminine** de l'adjectif (s'il en a une).

Anduve tranquil**amente**. .... *J'ai marché tranquillement.*
Lo vi singular**mente** preocupado. .... *Je l'ai vu particulièrement inquiet.*

• Remarques :

– Lorsque plusieurs adverbes se suivent, seul le dernier a la terminaison en « mente ». (les autres gardent la forme féminine de l'adjectif)

Es un país rico económic**a** .... *C'est un pays riche économiquement*
y cultural**mente**. *et culturellement.*

– De nombreux adjectifs sont employés comme adverbes. (dans ce cas ils ne s'accordent pas)

Se apearon **rápido** y se fueron. .... *Ils descendirent rapidement et partirent.*
Veo muy **claro** la situación. .... *Je vois très clairement la situation.*

Exercice complémentaire III

Utiliser dans les phrases suivantes l'adverbe correspondant à l'adjectif proposé entre parenthèses

1. Me lo explicó todo (lento) y (dulce).
2. Los niños habían comprendido (fácil) la historia.

3. El dueño venía (regular) a las tres en punto.
4. Miré (angustioso) por la ventanilla.
5. Acabasteis (pronto) los ejercicios.

VOCABULAIRE THÉMATIQUE
I. LA MODA / LA NOVEDAD

estar de moda, en boga	être à la mode, en vogue
estar al día	être à la page
estar en la onda, al loro	être branché
Me flipa (fam).	Ça me branche. J'adore.
el último grito de la moda	le dernier cri
a la última	à la dernière mode
estilarse	être en vogue
andar con el tiempo	vivre avec son temps
estar pasado de moda	être passé de mode
anticuado, hortero, a	ringard
a la antigua	à l'ancienne
Ya no se usa (ya no se estila).	Ça ne se porte plus.
una boutique	une boutique de mode
una tienda de confección	une boutique de prêt-à-porter
una tienda de segunda mano	un magasin de frippes
el Rastro	le marché aux puces de Madrid
callejear, mirar los escaparates	faire du shopping
la fiebre consumista	la fièvre consumériste
la ley del consumismo	la loi de la consommation
hablar de trapos	parler chiffons
un estilo indumentario	un style vestimentaire
la pinta	le look
para el tendido (fig)	pour la galerie (fig)
un modo de vestir provocativo	une façon de s'habiller provocante
vestir de rockero	s'habiller comme un rocker
una cazadora, un mono de cuero	un blouson, une combinaison en cuir
ropa deportiva supercómoda	une tenue de sport très confortable
un chandal	un jogging
gastar pantalones vaqueros, tejanos	porter des jeans
usar zapatillas de deporte	porter des tennis
llevar puesta una camiseta	porter un tee-shirt
lucir un modelo diseñado por…	porter un modèle conçu par…
probar una camisa de seda	essayer une chemise en soie
una minifalda ceñida	une mini-jupe moulante
un abrigo de piel(es)	un manteau de fourrure
lucir un traje de etiqueta	porter une tenue de soirée
estar atildado; acicalarse	être soigné ; se pomponner

salir de lo trillado	*sortir des sentiers battus*
la vanguardia	*l'avant-garde*
un peinado estrafalario	*une coiffure extravagante*
tener un corte de pelo a lo punk	*être coiffé à la punk*
el penacho punk	*la crête*
ir a la peluquería	*aller chez le coiffeur*
llevar melena a lo jipi	*porter les cheveux longs à la hippy*
pelar al cero	*avoir le crâne rasé*
llevar sortijas, pendientes	*porter des bagues, des boucles d'oreille*
coleccionar las chapitas	*collectionner les pin's*
un local de moda	*un lieu branché*
Tiene mucho ambiente.	*L'ambiance est super.*
citarse en la discoteca	*se donner rendez-vous à la discothèque*
el mundillo de los bares nocturnos	*l'univers des bars de nuit*
ir de juerga y recogerse tarde	*faire la bringue et rentrer tard*
trasnochar ; un trasnochador	*passer la nuit dehors ; un noctambule*
escuchar música a todo volumen	*écouter de la musique à fond*
comprarse el último elepé	*s'acheter le dernier disque*
acudir al concierto de flamenco rock	*aller au concert de flamenco rock*
mirar un vídeo musical	*regarder un clip*
el pasotismo	*mouvement de la « bof-génération »*
un pasota. Yo paso.	*un je m'en foutiste. Je m'en fiche.*
tener mucha marcha	*avoir la pêche, être très animé, branché*

Nota Bene :

el destape (« destaparse »= *se découvrir, se dévêtir*)	*liberté de mœurs qui a coïncidé avec l'avènement de la démocratie.*
la Movida	*mouvement intellectuel et artistique branché des années 80*

▷ **10 phrases à retenir**

1. ¡Menuda facha tienen! Quieren dárselas de punkis. — *Quelle allure ils ont ! Ils veulent jouer aux punks.*
2. Hay grandes rebajas en el Corte Inglés. ¿Nos acercamos? — *Il y a des soldes monstre au Corte Inglés. On y va ?*
3. Siempre estoy de sport. Comodidad ante todo. — *Je suis toujours en tenue de sport. Le confort avant tout.*
4. Esta música se puso de moda mediada la década de los años 60. — *Cette musique est devenue à la mode au milieu des années 60.*
5. Esta temporada se llevan colores vivos que resaltan sus encantos. — *Cette saison, la mode est aux couleurs vives qui mettent vos charmes en valeur.*
6. Se pasa el tiempo renovando su vestuario para vestir a la última. — *Elle passe son temps à renouveler sa garde-robe pour être au dernier cri.*
7. Suele ir muy atildado. La raya de su pantalón es perfecta. — *Il est toujours très soigné. Le pli de son pantalon est impeccable.*

8.	Se puso el traje de etiqueta para ir al cóctel con los cursis.	*Elle a mis sa tenue de soirée pour aller au cocktail avec les snobs.*
9.	Nos quedamos hasta las tantas en la discoteca. Lo pasamos bomba.	*On est restés très tard à la discothèque. On s'est amusés comme des fous.*
10.	He quedado con la pandilla en un bar de mucha marcha.	*J'ai rendez-vous avec la bande de copains dans un bar où il y a de l'ambiance.*

Vocabulaire thématique
II. El conflicto de generaciones

relaciones familiares conflictivas	*relations familiales conflictuelles*
un clima tenso	*un climat tendu*
discrepar ; discrepante	*être en désaccord ; divergent*
la discrepancia ; las disensiones	*la divergence ; les dissensions*
la manzana de la discordia	*la pomme de discorde*
no estar conforme con	*ne pas être d'accord avec*
conformarse con ; obedecer	*se soumettre à ; obéir*
oponerse a ; llevar la contraria	*s'opposer à ; contredire*
el hijo revoltoso, rebelde	*l'enfant turbulent, rebelle*
perderle ie el respeto a uno	*manquer de respect à qqn*
un arrebato de rebeldía	*un mouvement de révolte*
una actitud contestataria	*une attitude contestataire*
convivir ; la convivencia	*cohabiter ; la vie en commun*
cada cual para sí	*chacun pour soi*
los vínculos, los lazos filiales	*les liens filiaux*
el parentesco de la sangre	*les liens du sang*
la desavenencia ; desavenirse con uno	*la mésentente ; se brouiller avec qqn*
llevarse bien ≠ mal	*bien ≠ mal s'entendre*
reñir ; una riña	*se disputer avec ; une dispute*
armar una bronca	*faire une scène*
¡Ya hablaremos!	*On en reparlera !*
una educación estricta ≠ liberal	*une éducation stricte ≠ libérale*
la comprensión ; ser comprensivo	*la compréhension ; être compréhensif*
la apertura ≠ la cerrazón	*l'ouverture ≠ l'étroitesse d'esprit*
ser represivo, autoritario	*être répressif, autoritaire*
dar órdenes, mandar	*donner des ordres, commander*
obligar a ; bajo coacción	*contraindre ; sous la contrainte*
advertir ; una advertencia	*mettre en garde ; un avertissement*
increpar ; amenazar con	*réprimander ; menacer de*
una recriminación, una amenaza	*un reproche, une menace*
echar en cara ; echarle la culpa a uno	*reprocher ; accuser qqn de*
soltarle las cuatro verdades a uno	*dire à qqn ses quatre vérités*
sacrificarse por, desvivirse por	*se sacrifier, se mettre en quatre pour*
no tomarse el trabajo de	*ne pas se donner la peine de*

los desvelos, la entrega	*le dévouement*
cifrar toda su esperanza en	*placer tous ses espoirs dans*
la madraza, el padrazo	*la maman, le papa gâteau*
la madrastra, el padrastro	*la mauvaise mère, le mauvais père*
el hijo de papá, el pijo	*le fils à papa*
estar enmadrado	*être dans les jupes de sa mère*
independizarse ; ser independiente	*s'émanciper ; être indépendant*
la gratitud ≠ la ingratitud	*la reconnaissance ≠ l'ingratitude*
agradecido ≠ desagradecido, a	*reconnaissant ≠ ingrat*
hacer de su capa un sayo	*faire comme bon lui semble*
ser pánfilo	*être mou, indolent*
tomar en serio ≠ a broma	*prendre au sérieux ≠ ne pas ...*
el desparpajo	*la désinvolture, l'aplomb*
apurar la paciencia	*pousser à bout*
Es siempre la misma cantinela.	*C'est toujours la même rengaine.*
estar de vuelta de todo	*être revenu de tout*
ser un descreído	*être blasé*
pasar de todo	*se ficher de tout*
el sistema de valores	*le système de valeurs*
la quiebra de los valores	*la faillite des valeurs*
sin perspectivas de futuro	*sans perspectives d'avenir*
Se desmoronan los valores familiares.	*Les valeurs familiales s'effondrent.*
estar falto de ideales	*manquer d'idéaux*
aprovechar ≠ desperdiciar su juventud	*profiter de ≠ gâcher sa jeunesse*
las malas compañías	*les mauvaises fréquentations*
los extravíos de la juventud	*les écarts de la jeunesse*
¡No lo vayas a lamentar!	*Tu pourrais le regretter !*
precisar de un espaldarazo	*avoir besoin d'être épaulé*
la realización	*l'épanouissement personnel*
las generaciones venideras	*les générations futures*

▷ 10 phrases à retenir

1. Mi familia y yo no coincidimos para nada.
   Ma famille et moi, nous ne sommes pas sur la même longueur d'ondes.

2. Tienes unos padres cantidad de guay que te lo consienten todo.
   Tu as des parents supercool qui te laissent tout faire.

3. Me llevo mal con mis padres; creen que soy un inútil.
   Je m'entends mal avec mes parents ; ils croient que je suis bon à rien.

4. La madre le prohíbe a su hijo que se junte con esta pandilla.
   La mère interdit à son fils de fréquenter cette bande.

5. En casa, puedo hacer lo que me dé la gana, les importa un comino.
   Chez moi, je peux faire ce que je veux, ils s'en moquent royalement.

6. Tienes que conformarte, lo hago por tu bien.
   Il faut te résigner, je le fais pour ton bien.

7. Como te desmandes, no vuelves a pisar este sitio.
   Si tu n'en fais qu'à ta tête, tu ne remettras pas les pieds ici.

8.	Vale, pero tienes que prometerme que estarás de vuelta a la una.	*D'accord, mais promets-moi d'être rentré à une heure.*
9.	Enséñale a cobrar independencia y vuestras relaciones se mejorarán.	*Apprends-lui à être indépendant et vos relations s'amélioreront.*
10.	El clima familiar es relajado: se respeta la personalidad de cada uno.	*Le climat familial est détendu : on respecte la personnalité de chacun.*

> ▷ **Temas para el comentario o el debate**
> 1. El fenómeno de las pandillas. (Cf. Voc. I Sujet 6)
> 2. Conflictos generacionales.
> 3. La adolescencia: ¿Despreocupación o inquietud?
> 4. El papel educativo de la familia. (Cf. Voc. I Sujet 14)
> 5. La relajación de las redes de solidaridad familiar.

SUJET 6

STT

EL PEZ DE ORO

(En pago de un servicio, el señor Valentí acaba de regalarle un pez en su pecera[1] *a Juan, un niño del barrio.)*

Rodeando el estanque, se me acerca un chico bien vestido. Tiene mi misma edad, lleva calcetines amarillos y hunde las manos en los bolsillos del pantalón con un gesto elegante y desdeñoso. Se para ante mí y dice, mirando la pecera:

– ¿Este pez es tuyo?

5 – Sí.

– Lo has robado del estanque.

– Me lo ha regalado el dueño de la casa. Es el pez de oro.

– No hay ningún pez de oro, bobo[2].

Su aire de suficiencia me cabrea[3]. Observo su nariz respingona[4] e im-
10 pertinente, sus labios bien dibujados, y escupo[5] entre sus pies:

– Lárgate, chaval[6].

– Es japonés – me dice –. Y tú no sabes una cosa.

– ¿Qué?

– Estos peces se dejan coger con la mano.

15 – Ningún pez se deja coger con la mano.

– Que sí. Te lo voy a demostrar. Mira.

Sigo apretando la mano en la pecera contra mi pecho. El niño sabiondo[7] introduce la mano en la pecera, agarra el pez sin dificultad y lo saca del agua, abriendo la palma para mostrármelo. Entonces, repentinamente, mientras
20 suelta coletazos[8], el pez da un brinco[9] y, trazando por encima de nuestras cabezas un arco muy amplio, festivo y luminoso, se sumerge en el estanque de aguas muertas y desaparece. En menos de un santiamén[10], no deja tras de sí ni rastro[11]. Aparto de un manotazo al niño pijo[12], me arrodillo al borde del estanque y escruto las aguas turbias por si veo deslizarse[13] o asomar[14] el
25 pez. Nada. Remuevo el agua con la mano, en un desesperado intento de acariciar su estela[15] misteriosa. Es inútil, no volveré a verlo jamás, y alzo la cabeza, que me estalla de rabia, y lanzo al aire un grito desgarrador y desesperado (…).

Al oír ese grito, el imprudente chaval huye despavorido. Paralizado por la
30 rabia, lleno de desconsuelo, permanezco allí imaginando al pez de oro que nada en el fondo sombrío del estanque, entre líquenes putrefactos y algas cimbreantes[16]. En esas aguas verdosas y pútridas, pienso con tristeza, el pez está condenado a morir…

Juan MARSÉ, *El Amante bilingüe.* (1990)

(1) la pecera: *l'aquarium, (ici) le bocal.*
(2) bobo: tonto, imbécil.

(9) un brinco: un salto.
(10) en un santiamén: *en un clin d'œil.*

(3) cabrear : irritar. *(fam)*
(4) nariz respingona: *nez retroussé.*
(5) escupir: *cracher.*
(6) un chaval: *un gamin.*
(7) sabiondo: *qui croit tout savoir.*
(8) soltar coletazos : *frétiller.*

(11) ni rastro: *aucune trace.*
(12) pijo: *bien sapé (fam).*
(13) deslizarse: *(ici) filer.*
(14) asomarse : *aparecer.*
(15) la estela: *le sillage.*
(16) cimbreante: *ondulant.*

I. Compréhension du texte

1. ¿De qué acusa a Juan el chico bien vestido?
2. ¿Qué pasa con el pez?

II. Expression personnelle

1. Observe usted la actitud del chico bien vestido y diga lo que piensa de tal comportamiento.
2. « Es el pez de oro. » (ligne 7)
   « No hay ningún pez de oro, bobo. » (ligne 8)
   ¿Qué representa el pez para Juan y para el chico bien vestido? ¿En qué se oponen las dos visiones?
3. ¿Qué sentimientos experimenta Juan cuando su pez se sumerge en el estanque? ¿Por qué?

III. Traduction

Traduire depuis « Paralizado por la rabia... » (ligne 29) jusqu'à la fin.

CORRIGÉ

I. Compréhension du texte

1. El chico bien vestido acusa a Juan de haber robado el pez en el estanque del parque. Juan le explica que se lo han regalado pero el pijo se niega a creer que es suyo.

2. Aunque el niño trata de proteger el pez, el otro lo coge y lo saca de la pecera. Entonces el pez pega un salto y va a dar en el agua del estanque donde se hunde. El niño lo busca desesperadamente, sin embargo, el pez no vuelve a aparecer.

II. Expression personnelle

1. Al presentarnos al « chico bien vestido », el niño señala primero la soltura de su postura, con « las manos en los bolsillos del pantalón », y su aire despreciativo. Su apariencia general y en particular su indumentaria, que deja suponer que se trata de un chico de familia acomodada, contribuyen a darle este andar elegante que impresiona al niño de un barrio modesto. Se porta con cierta superioridad social y se trasluce su arrogancia cuando duda de que el pez sea de un niño pobre como Juan y le acusa de haberlo robado. Sigue tratándolo con desdén y se burla de él cuando le tacha de

« bobo ». Lo que más se destaca es la presunción de este chico imbuido que cree saberlo todo: « Te lo voy a demostrar. » y piensa tener todos los derechos. No le hace caso a Juan cuando éste escupe ordenándole que se vaya. Ni pide permiso para sacar el pez del agua y toma al chico por un tonto : « Tú no sabes una cosa. » Aunque no haya querido quitarle el pez al otro, pasándose de listo provoca algo irremediable y huye con cobardía ante el dolor y las posibles represalias de la víctima.

Este chico desenfadado ha actuado sin pensar en las consecuencias de su acto y sin preocuparse por el daño que podía causar. Sólo le interesa el poder lucir y rebajar a un niño de origen social inferior. Son antipáticos su aplomo y su descaro de niño rico.

2. Para Juan, el pez es la recompensa por un servicio prestado, o sea el fruto de un esfuerzo, a la vez que un regalo maravilloso. Le tiene mucho afecto como lo muestra su ademán protector: « apretando con ambas manos la pecera contra mi pecho ». Este pez le parece único y fantástico por ser « el pez de oro ». Se trata, claro, de la visión de un niño capaz de soñar con un pez mágico. Es sensible a la belleza del pez que evoca un mundo de ensueño, inasequible: « Ningún pez se deja coger con la mano.». No pertenece al ámbito doméstico sino que se le antoja al niño que surge de un cuento de magia y maravillas. La manera como describe la trayectoria del pez da la impresión de que vuela por los aires: « trazando por encima de nuestras cabezas un arco muy amplio, festivo y luminoso ». Es como una visión centelleante que hechiza al niño.

En cambio, el chico bien vestido afirma rotundamente que « no hay ningún pez de oro. » Para él, será como creer en los Reyes Magos, patrañas para niños cándidos. Su reacción es menos afectiva y de manera culta comenta que el pez es japonés. Sabe que se puede coger con la mano y muy seguro de su afirmación lo agarra sin vacilar un momento. Su enfoque es más bien intelectual. No le atribuye ningún valor mágico al pez. No es ninguna fuente de encanto o fantasía para él. No parece maravillarse de nada.

El texto evoca la pérdida de algo entrañable, que representa mucho para un niño. Le alegraba el regalo que le hicieron y se quedó defraudado por el descuido de otro chico. El interés sicológico de este texto radica en el conflicto entre ambos niños, uno ilusionado y luego desengañado,y el otro, que se las da de superior y destruye el sueño del ingenuo.

3. Cuando desaparece el pez, Juan reacciona inmediatamente intentando rescatarlo. Primero aparta al niño pijo, no piensa en vengarse, en golpear al culpable. Lo único que parece preocuparle es buscar el pez con la esperanza de que pueda cogerlo de nuevo. Los verbos describen sus movimientos y la tentativa de rescate: « me arrodillo al borde del estanque y escruto las aguas », « remuevo el agua con la mano ». Pero poco a poco le invade un sentimiento de impotencia como lo muestran las palabras y las observaciones negativas: « nada », « un desesperado intento », « Es inútil, no volveré a verlo jamás ». Para él sigue siendo el pez algo maravilloso como lo subraya su deseo de « acariciar su estela misteriosa ». Pero se ve obligado a admitir la realidad, a considerar que ya no volverá a aparecer « el pez de oro ».

Es como si se esfumara un sueño, por eso estalla la rabia del niño. No es un arrebato de cólera sino más bien la expresión de una profunda desesperación. Hubiera podido enojarse con el niño pijo pero su grito parece expresar no tanto el furor o la violencia como la necesidad de desahogar su dolor. Luego se queda abatido y triste, cuajado por la pena, desanimado, mirando el agua de hito en hito y cavilando en la muerte irremediable de su pez en esas « aguas verdosas y pútridas ». El choque emocional parece haber sido muy fuerte y lo deja desconsolado.

III. Traduction

Paralysé par la rage, envahi par le chagrin, je reste là à imaginer le poisson d'or nageant dans le fond obscur de l'étang, entre les lichens putréfiés et les algues ondulantes. Je me dis avec tristesse que, dans ces eaux verdâtres et putrides, le poisson est condamné à mourir.

RAPPELS GRAMMATICAUX

◆ LA RESTRICTION

Por si
Por si acaso } + indic ou subj imp = *au cas où*

| ¡Apúntalo **por si** se te olvida! | *Note-le pour le cas où tu oublierais !* |
| Apagué la luz **por si acaso** dormía (durmiera) | *J'ai éteint la lumière au cas où il dormirait.* |

A no ser que
Como no sea / fuera (que) } + subj = *à moins que*

Iremos mañana **a no ser que** llueva.	*Nous irons demain à moins qu'il ne pleuve.*
¡**Como no sea que** llegue a las tres!	*A moins qu'il n'arrive à trois heures !*
Dejó de hablarle **como no fuera** para saludarla.	*Il cessa de lui parler à moins que ce ne fût pour la saluer.*

Con tal que
Siempre que } + subj = *pourvu que, si seulement, si toutefois*

| Acepto **con tal que** pagues. | *J'accepte pourvu que tu paies.* |
| Te acompaño **siempre que** me vengas a buscar. | *Je t'accompagne si toutefois tu viens me chercher.* |

Con
Con tal de } + inf = *pourvu que, si seulement*

| **Con** avisarme pronto, te acompañaré. | *Je t'accompagnerai, pourvu que tu me préviennes tôt.* |

Exercice complémentaire I

Réunir les deux propositions par une expression de restriction (plusieurs solutions possibles ; attention à la concordance des temps):

1. Estaré aquí mañana / (estar enfermo.)
2. Te perdona / (decirle la verdad)
3. Dejé la puerta abierta / (llegar más tarde)
4. Decidí quedarme / (no desagradarle)
5. Me lo diría su madre / (ser su padre)

◆ Verbes irréguliers

• verbes en **UIR** (ex : **huir**) :
le « i » intervocalique non accentué se change en « **y** ».

Présent de l'indicatif :	hu**yo**, hu**yes**, hu**ye** (1ère, 2ème et 3ème pers du sing)
	hu**yen** (3ème pers du plur)
Présent du subjonctif :	hu**ya**, hu**yas**, etc. (toutes les pers)
Impératif :	hu**ye**, hu**ya** (2ème et 3ème pers du sing)
	hu**yamos**, hu**yan** (1ère et 3ème pers du plur)
Prétérit :	hu**yó**, hu**yeron** (3ème pers du sing et du plur)
Imparfait du subjonctif :	hu**yera**, hu**yeras**, etc. (toutes les personnes)
Gérondif :	hu**yendo**

Verbes de ce type les plus usités : atribuir, concluir, construir, constituir, contribuir, destruir, disminuir, excluir, influir, incluir, intuir, sustituir, etc.

• Verbes en **ACER** (sauf **hacer**), **ECER** (sauf **mecer**), **OCER** (sauf **cocer**), **UCIR**, aux temps du présent uniquement : « c » devient « **zc** » devant les voyelles « **o** » et « **a** ».

Présent de l'indicatif :	na**zc**o, pare**zc**o, cono**zc**o, lu**zc**o (1ère pers du sing)
Présent du subjonctif :	na**zc**a, pare**zc**a, cono**zc**a, lu**zc**a (toutes les personnes)
Impératif :	na**zc**a, pare**zc**a, cono**zc**a, lu**zc**a (3ème pers du sing)
	na**zc**amos, pare**zc**amos, cono**zc**amos, lu**zc**amos (1ère pers du plur)
	na**zc**an, pare**zc**an, cono**zc**an, lu**zc**an (3ème pers du plur)

Rappel : les verbes en **DUCIR** sont, de plus, irréguliers au prétérit et à l'imparfait du subjonctif (**condujo**, **condujeron** et **condujera**, etc.). (Cf. RG prétérits forts Sujet 2)

Verbes de ce type les plus usités: agradecer, amanecer, anochecer, aparecer, apetecer, carecer, compadecer, crecer, embellecer, empobrecer, enriquecer, entristecer, envejecer, merecer, obedecer, padecer, permanecer, pertenecer, restablecer; aducir, deducir, introducir, producir, reducir, seducir, traducir, etc.

Exercice complémentaire II

Conjuguer le verbe de manière adéquate

1. Podemos comer ahora a no ser que no te (apetecer).
2. El profesor (concluir) diciendo que todos habíamos de aprobar.
3. ¡(introducir) usted la llave para abrir el arca!
4. Tenemos que volver a casa antes de que (anochecer).
5. El misionero intervino para que blancos y mestizos no (excluir) a los indios.

◆ LES POSSESSIFS

1) ADJECTIFS

Formes atones (**avant** le nom)	Formes toniques (**après** le nom)
Mi (s)	Mío, a (s)
Tu (s)	Tuyo, a (s)
Su (s)	Suyo, a (s)
Nuestro, a (s)	Nuestro, a (s)
Vuestro, a (s)	Vuestro, a (s)
Su (s)	Suyo, a (s)

Nuestros padres se van de vacaciones. .... *Nos parents s'en vont en vacances.*
Es costumbre **suya**. .... *C'est son habitude.*

La forme tonique s'emploie derrière « **ser** » ou lorsque le nom est précédé d'un déterminant ou encore dans les phrases exclamatives :

El pez **es suyo**. .... *Le poisson est à lui.*
El hermano **mío** es más fuerte. .... *Mon frère est plus fort.*
¡Hijo **mío**!, ¡dime la verdad! .... *Mon fils ! dis-moi la vérité !*

Si le déterminant est un article indéfini : **un... mío** = « *un de mes...* ».

No es **un** amigo **mío**. .... *Ce n'est pas un de mes amis.*

2) PRONOMS

Article défini + forme tonique des adjectifs possessifs.

¡Préstame un boli!, **el mío** no escribe. .... *Prête-moi un stylo, le mien n'écrit pas.*

• Remarque : à la 3ème personne, il peut y avoir un risque d'équivoque avec la formule de politesse. On recourt alors à : **de** + pronom personnel.

El coche de Ana es grande pero .... *La voiture d'Anne est grande mais*
su (el) coche **de usted** es más rápido. .... *votre voiture est plus rapide.*
No es la bici de Juan, ... *Ce n'est pas le vélo de Jean,*
es **la de usted**. (≠ la suya) .... *c'est le vôtre. (≠ le sien)*

Hispanisme à retenir :

L'espagnol n'exprime l'idée de possession que si c'est indispensable. Le possessif est remplacé par un article s'il n'y a pas de doute sur le possesseur ou avec une tournure pronominale :

Apagó **el** cigarrillo y salió. .... *Il éteignit sa cigarette et sortit.*
Nos ponemos **la** chaqueta. .... *Nous mettons notre veste.*

Exercice complémentaire III

Compléter les phrases avec l'article ou le possessif ou qui convient

1. ¿Es ... este lápiz! ¡Enséñamelo!, yo te doy ....
2. ¿Cómo está ... marido, señora?, un hijo ... me dijo que estaba malo.
3. ¡Me encantan ... padres de usted!, ¿Vino usted con ... coche de ellos?
4. ¡Niños!, ¡Venid con ... madre!, ¡Dejad aquí ... juguetes!
5. Estás alegre porque aprobaste ... examen. ... madre estará contenta también.

VOCABULAIRE THÉMATIQUE
I. LOS SENTIMIENTOS / LA AMISTAD

---

experimentar una sensación	éprouver une sensation
sentir	1. sentir, ressentir ; 2. regretter
tener mucha sensibilidad	avoir beaucoup de sensibilité
embotar la sensibilidad	émousser la sensibilité
ser sensible a	être sensible à
un choque emocional	un choc émotif
un niño emotivo	un enfant émotif
una persona afectuosa, cariñosa	une personne affectueuse
una escena conmovedora	une scène émouvante, touchante
una película emocionante	un film palpitant
estar emocionado con las lágrimas de...	être ému par les larmes de...
estar conmovido por	être touché par
el estado de ánimo	l'état d'esprit
la turbación, el trastorno	le trouble, le bouleversement
estar turbado, trastornado	être troublé, bouleversé
contenerse, reportarse	lutter contre l'émotion, se ressaisir
la ternura, el cariño	la tendresse
una caricia; acariciar a un niño	une caresse ; caresser un enfant
la dulzura, la suavidad	la douceur
cobrarle cariño a uno	prendre qqn en amitié, en affection
ser comunicativo	être communicatif
explayarse, desahogarse	s'épancher, se confier
confiar en alguien; fiarse de alguien	avoir confiance en quelqu'un
cumplir con su palabra	tenir parole

trabar amistad con	*se lier d'amitié avec*
mantener relaciones amistosas	*entretenir des relations amicales*
intimar mucho con alguien	*être très lié à qqn*
un amigo de toda la vida	*un ami de toujours*
la fidelidad ; ser fiel	*la fidélité ; être fidèle*
hablar como amigos	*parler en amis*
un conocido mío	*une de mes connaissances*
desvelarse por alguien	*se dépenser, se donner du mal pour qqn*
tener un detalle	*avoir un beau geste*
ayudar ; echar una mano	*aider ; donner un coup de main*
hacer un favor	*rendre un service*
hacer el favor de	*avoir l'obligeance de*
agasajarle a uno	*fêter qqn, accueillir chaleureusement*
dar la enhorabuena	*féliciter*
ofrecer una copa	*offrir un verre*
regalar un disco	*offrir un disque*
un regalo maravilloso	*un merveilleux cadeau*
obsequiar a un amigo con libros	*offrir des livres à un ami*
dar las gracias ; agradecer	*remercier*
mostrarse agradecido	*témoigner de la reconnaissance*
el placer, el deleite, el gusto	*le plaisir*
un ambiente festivo	*une atmosphère de fête*
estar alegre ; la alegría	*être gai ; la gaieté*
alegrarse de saber	*se réjouir de savoir*
estar contento de ver	*être content de voir*
no caber en sí de contento	*déborder de joie*
dar saltos de alegría	*faire des bonds de joie*
estar en la gloria	*être aux anges*
estar como unas pascuas	*être gai comme un pinson*

▷ 10 phrases à retenir

1. Al penetrar en aquel lugar, experimentó una sensación muy rara. — *En pénétrant dans ce lieu, il ressentit une sensation très curieuse.*
2. Estaba turbada y conmovida por el detalle que había tenido. — *Elle était troublée et émue par son beau geste.*
3. Eso, que quede entre nosotros ; ya sé que puedo fiarme de ti. — *Que cela reste entre nous ; je sais bien que je peux avoir confiance en toi.*
4. Desde que trabé amistad con él, suelo visitarlo los jueves. — *Depuis que j'ai lié amitié avec lui, j'ai pris l'habitude de lui rendre visite le jeudi.*
5. Te agradecería me mandaras la revista de la que te hablé. — *Je te serais très reconnaissant de m'envoyer le magazine dont je t'ai parlé.*
6. ¡No faltaba más!, no tienes por qué agradecérmelo. — *Je t'en prie !, tu n'as pas à me remercier.*
7. Ya sabía que podía contar contigo. — *Je savais bien que je pouvais compter sur toi.*

8.	Te he traído unas rosas; me acordé de que te gustaban.	*Je t'ai apporté quelques roses ; je me suis souvenu que tu les aimais.*
9.	Es muy amigo mío; conectamos.	*C'est un de mes bons amis ; on est sur la même longueur d'onde.*
10.	En las buenas intenciones se conoce a los buenos amigos.	*Les petits cadeaux entretiennent l'amitié.*

VOCABULAIRE THÉMATIQUE
II. LA TRISTEZA / EL LAMENTO

---

producir consternación	*jeter la consternation*
con aire compungido	*l'air consterné, contrit*
el desasosiego, la inquietud	*l'inquiétude*
preocuparse por alguien	*se préocuper, s'inquiéter pour qqn*
tener muchas preocupaciones	*avoir beaucoup de soucis*
sentir dolor	*ressentir de la douleur*
el padecimiento, el sufrimiento	*la souffrance*
inmutarse	*changer de visage, se troubler*
sufrir continuas desdichas	*n'avoir que des malheurs*
por desgracia	*malheureusement*
un suceso desgraciado	*un événement malheureux*
dar pena	*faire de la peine*
una situación muy penosa	*una situation très pénible*
la desesperación; el desconsuelo	*le désespoir ; la désolation*
tener encogido el corazón	*avoir le cœur gros*
tener el corazón oprimido	*avoir le cœur serré*
ponerse triste	*devenir triste*
Me entristece esta noticia.	*Cette nouvelle me rend triste.*
llorar a moco tendido, a lágrima viva	*pleurer à chaudes larmes*
el llanto	*les pleurs*
romper a llorar, en llanto	*se mettre à pleurer, éclater en sanglots*
lloriquear	*pleurnicher*
un llorón	*un pleurnicheur*
sollozar; el sollozo	*sangloter ; le sanglot*
deshacerse en lágrimas	*fondre en larmes*
estar decepcionado	*être déçu*
defraudar las esperanzas de alguien	*décevoir les espérances de qqn*
tener la moral alicaída	*avoir le moral bas, ne pas avoir le moral*
remontar el bache	*remonter la pente (fig)*
desalentarse, desanimarse	*se décourager*
el desaliento, el descorazonamiento	*le découragement*
estar abatido	*être abattu*
suspirar; el suspiro	*soupirer ; le soupir*
el lamento; lamentarse	*la plainte ; se lamenter*

lamentar	*déplorer*
un tono lastimero, quejumbroso, a	*un ton plaintif*
una pérdida lamentable	*une perte regrettable*
prorrumpir en lamentos	*se répandre en lamentations*
la queja; quejarse	*la plainte, le grief ; se plaindre*
los quejidos de un herido	*les gémissements d'un blessé*
la quejumbre	*la jérémiade*
refunfuñar; el refunfuño	*ronchonner ; le ronchonnement*
ser un cascarrabias, un gruñón	*être grincheux, un râleur*
compadecerse de los demás	*avoir pitié des autres*
compadecer las desgracias ajenas	*compatir aux malheurs d'autrui*
compartir el sentimiento de uno	*partager le sentiment de quelqu'un*
Merece compasión.	*Il est à plaindre.*
ser compasivo, a	*être compatissant*
tener lástima de alguien	*avoir pitié de quelqu'un*
Es una lástima que…	*C'est dommage que…*
Da lástima verle.	*Il fait peine à voir.*
¡Por piedad!	*Par pitié !*
Lo siento.	*Je suis désolé.*

▷ 10 phrases à retenir

1.	Estas circunstancias dolorosas produjeron consternación.	*Ces circonstances douloureuses jetèrent la consternation.*
2.	Inmutado el semblante por el dolor, permaneció callado.	*Le visage altéré par la douleur, il resta silencieux.*
3.	De momento intentó contenerse para no deshacerse en lágrimas.	*Sur le moment, il essaya de se contenir pour ne pas fondre en larmes.*
4.	¡No te preocupes!, no defraudaré tus esperanzas.	*Ne t'inquiète pas !, je ne décevrai pas tes espérances.*
5.	No sirve de nada llorar sus desgracias.	*Cela ne sert à rien de pleurer sur ses malheurs.*
6.	Es una lástima que no hayas llegado más temprano.	*C'est dommage que tu ne sois pas arrivé plus tôt.*
8.	¡Pobre de él! Nadie lo compadece.	*Pauvre de lui ! Personne n'a pitié de lui.*
9.	Claro que me quejo: te pasaste de la raya.	*Bien sûr que je me plains : tu as dépassé les bornes.*
10.	¡Por Dios! ¡Deja de refunfuñar!	*Pour l'amour du ciel ! Arrête de râler !*

▷ *Temas para el comentario o el debate*
1. Las diferencias sociales. (Cf. Voc. I Sujet 13)
2. La rivalidad entre niños.
3. El poder imaginativo del niño. (Cf. Voc. II Sujet 16)

SUJET 7

L LV2, ES, S, STT

LLEGO A CASA HACIA LAS SIETE Y MEDIA

(Carmen Rico Godoy es periodista. Vive en Madrid con su marido y el hijo de éste, Diego.)

Llego a casa hacia las siete y media y tengo que dar ochenta y cinco vueltas a la manzana[1] para encontrar un lugar donde estacionar el coche. Por fin encuentro un lugar escuálido[2] que me obliga a hacer ocho maniobras hasta que consigo meterlo en el hueco[3] más o menos ortodoxamente. Tengo que
5 caminar hasta casa como quinientos metros. La verdad es que, pienso, llevo una vida de gilipollas[4]. Hoy, con la gasolina que me he gastado, la grúa[5] y la multa[6], podría haber ido a todo en coche con chófer y no me hubiera salido más caro y encima[7] me hubiera llevado de puerta a puerta, como una señora.

Al pasar por la frutería, entro a comprar melón y unos brécoles[8]. Puro
10 capricho. Los últimos cien metros hasta casa, voy cargada como una burra con el bolso, la cartera llena de *dossiers*, la agenda… Más, claro, el melón – por qué no habré comprado uvas que pesan menos – y los brécoles.

Llamo al portero eléctrico para que Diego baje a ayudarme a subir los trastos[9], pero por más que llamo no me contesta ni Dios. El ascensor lleva
15 estropeado dos meses porque están cambiando el motor y los operarios han prometido que sólo tardarán otros dos meses en acabar el trabajo.

La puerta de casa está cerrada con llave, lo que significa que no hay nadie en el hogar. Diego se habrá ido al cine y mi dueño y señor obviamente[10] no llega nunca antes de la hora que dice que va a llegar.

20 Suelto el bolso y la cartera en un sofá, enciendo la tele y paso a la cocina donde dejo los brécoles y el melón. En la mesa hay una enorme y suculenta tortilla de patata oculta entre los platos. Abro la nevera para servirme un vaso de agua, pero naturalmente no hay agua en la nevera. Es igual, no me importa beber el agua caliente. Y regreso al salón para sentarme ante el televisor y
25 lavarme bien el cerebro.

Diego ha dejado sus huellas[11] frente al televisor. Las zapatillas de deporte en el suelo, un jersey en el sofá, un cinturón en la mesa baja donde también reposa una bandeja[12] con un plato con restos de ketchup y algunas hojas de lechuga arrugadas y fláccidas[13]. Es el único crío[14] que conozco al que le
30 gusta la ensalada.

Recojo el jersey, las zapatillas y el cinturón y los llevo al cuarto de Diego. La visión me sobrecoge: esta mañana el cuarto estaba ordenado, limpio y olía a cera[15]. Ahora parece que ha sido visitado por los hunos[16].

Carmen RICO GODOY, *Cómo ser una mujer y no morir en el intento* (1990)

(1) la manzana (de casa): *le pâté de maisons*.
(2) escuálido: aquí, muy reducido.

(10) obviamente: *évidemment*.
(11) las huellas: *les traces*.

(3) el hueco: *le trou*.
(4) una vida de gilipollas: una vida estúpida (familiar).
(5) la grúa: *ici, « la fourrière »*.
(6) la multa: *l'amende*.
(7) encima: además.
(8) brécoles: *des brocolis (légumes)*.
(9) los trastos: *ici, les paquets (familier)*.
(12) una bandeja: *un plateau*.
(13) fláccido: *mou*.
(14) un crío: *un gosse (familier)*.
(15) la cera: *la cire*.
(16) los hunos: tribu de invasores bárbaros, en la Edad Media que quedaron famosos por sus destrucciones.

I. Compréhension du texte

1. Presente brevemente a la narradora.
2. Complete: Al llegar a la puerta de su casa se da cuenta de que...
3. ¿Tiene la oportunidad de relajarse, una vez entrada en casa?

II. Expression personnelle

1. Estudie usted, a lo largo del relato, las distintas reacciones de Carmen Rico Godoy frente a las dificultades de la vida cotidiana.
2. **(L, ES et S, uniquement)** ¿Cómo se manifiesta el humorismo de la periodista al evocar sus desgracias de mujer moderna?
3. ¿En qué refleja este texto las condiciones de vida de la mayoría de las mujeres de hoy?

III. Compétence linguistique (L, ES, S)

1. Réécrire au passé simple la phrase suivante

« Suelto el bolso y la cartera en un sofá, enciendo la tele y paso a la cocina donde dejo los brécoles y el melón. » (lignes 20-21)

2. Dans chacune de ces deux phrases, remplacer la tournure soulignée par une tournure équivalente

   a) « El ascensor lleva estropeado dos meses » (lignes 14-15)
   b) « los operarios (…) sólo tardarán otros dos meses en acabar el trabajo. » (lignes 15-16)

3. Compléter la phrase suivante en respectant l'esprit et la logique du texte

Los operarios han prometido que el ascensor…

4. Réutiliser la structure soulignée dans une phrase personnelle qui respecte le sens et la logique du texte

« por más que llamo, no me contesta ni Dios. » (ligne 14)

5. Traduction

Traduire depuis « Tengo que caminar… » (ligne 4) jusqu'à « … como una señora. » (ligne 8)

III. Traduction (STT)

cf. **5** ci-dessus

> CORRIGÉ

I. Compréhension du texte

1. La narradora es una mujer que trabaja fuera. Se pasa el tiempo corriendo de un lado para otro como una loca y vuelve a casa tarde y rendida para afrentar sola las faenas domésticas. Ha de ser un ama de casa cumplida.

2. Al llegar a la puerta de su casa se da cuenta de que, no sólo ha gastado mucha energía en aparcar el coche y llevar las compras que pesan mucho sino que, además, tiene que subir andando por la escalera. En efecto, el ascensor sigue sin funcionar y no hay nadie en casa para ayudarla puesto que su marido y Diego están fuera.

3. A pesar de que viene cansada, la narradora no puede refrescarse pues no le han dejado agua fresca en la nevera y tampoco puede relajarse ni ver, despreocupada, la televisión pues descubre que el joven Diego ha dejado la casa en desorden aunque ella la había dejado limpia por la mañana antes de salir a trabajar.

II. Expresión personnelle

1. Primero, la narradora echa pestes porque no logra aparcar el coche y le da rabia el no tener otro remedio que dar vueltas, como lo subraya el empleo de fórmulas de obligación: « tengo que », « me obliga a ». Estas molestias cotidianas que le amargan la vida le muestran lo absurda que es, por eso se va quejando, exasperada. Se gasta con el coche parte de lo que gana y ni siquiera le ahorra esfuerzos. Se autocritica (« Puro capricho », « por qué no habré... »), al darse cuenta tardíamente de que se impone tareas de las que hubiera podido prescindir. Y ahora está de mala leche porque va demasiado cargada y por encima, no hay quien pueda echarle una mano. Se pone a refunfuñar porque está averiado el ascensor.

Al llegar a casa, comprueba con cierta amargura que el hogar está vacío, aunque no parece extrañarle que nadie la espere. Apenas entrada en el salón, se descarga de los bultos y conecta la tele como si quisiera darse la ilusión de una presencia. Enfrenta con resignación los sinsabores de la vida casera: « naturalmente », « Es igual, no me importa ». Bien sabe que la televisión sólo le sirve para desahogarse. Por cansancio o fastidio, prefiere no darle vueltas al asunto de su condición de mujer. Observa sin rezongar el desorden y el deber de ama de casa toma la delantera. Lo recoge todo, pero se lleva un disgusto garrafal ante el revoltijo dejado por Diego en la habitación, que la obligará a ordenar y limpiar otra vez. Al final parece desanimada ante el espectáculo que se le ofrece.

2. Pese a las numerosas desgracias que arrostra, la narradora evoca sus reacciones con tono desenfadado y humorístico. La exageración es uno de los recursos de que se vale al describir con gracia sus tribulaciones para aparcar: « ochenta y cinco vueltas », « lugar escuálido », « ocho maniobras ». Resulta cómica la expresión familiar e incluso grosera para calificar su vida: « llevo una vida de gilipollas ». Contrapone las vicisitudes de la conductora de hoy (« estacionar », « maniobras », « gasolina », « grúa », « multa ») a la visión ensoñadora de una señora que se deja llevar por un chófer. Se vuelve más prosaica al compararse con « una burra » que va cargada. Lo ve todo con una mirada distanciada: « Puro capricho », « por qué no habré comprado uvas que pesan menos », como lo dice con tono de escarnio. Con la expresión « no me contesta ni Dios » da a entender, con exageración, que todos la abandonaron. Asoma la ironía en la reflexión sobre el trabajo de los operarios: « sólo tardarán otros dos meses ».

Se trasluce una pizca de sorna acerca de su vida familiar en las expresiones literarias: « obviamente », « el hogar » – de hogar sólo tiene el nombre –, « mi dueño y señor » – fórmula de mujer dócil o agradecida –. Resulta humorística la acumulación de negaciones (« no me contesta ni Dios », « no hay nadie », « no llega nunca », « no hay agua »), que corresponde a una serie de actos defraudados, como hitos negativos que desembocan en un sentimiento de hastío (« no me importa »). El giro reflexivo y el adverbio en la expresión « lavarme bien el cerebro » traducen la autoirrisión y la clarividencia de la narradora. Por fin, tiene gracia la alusión a los hunos ya que se equipara el desorden del muchacho con los actos de barbarie de la horda y contrasta con el olor a cera que desprendía el cuarto por la mañana.

3. La vida de la narradora es bastante representativa de la de las mujeres actuales. De hecho, la narradora tiene que enfrentarse con las dificultades acarreadas por la doble jornada. La mujer moderna quiere o necesita trabajar. Hoy día, para sustentar a la familia, resulta a menudo imprescindible que los dos cónyuges tengan un empleo. Pero es de notar que son cada vez más numerosas las que trabajan fuera, no por necesidades económicas sino porque el hecho de ejercer un oficio les complace y realiza. Las costumbres han ido evolucionando y las mujeres quieren desempeñar un papel social que las valore. Al igual que el hombre, buscan un reconocimiento social y ya no aceptan que se las limite a ser amas de casa. Desean ganarse por sí sola un sueldo y disfrutar de cierta independencia económica.

Pero esta situación conlleva muchas dificultades ya que los hombres no se han acostumbrado a compartir las faenas domésticas o les cuesta todavía admitir que la esposa sea más independiente y libre. Por lo tanto, como lo pone de manifiesto el texto, a ella le toca cumplir doble labor. Es ella la que ordena la casa, hace las compras, guisa, cuida de los hijos, y eso que no llega temprano a casa. Así que lo hace todo de prisa y corriendo, no para ni un minuto y anda de cabeza. Muchas mujeres se han dado cuenta de lo difícil que es llevar las dos cosas al mismo tiempo pero no por ello están dispuestas a renunciar a algo que han conquistado, a duras penas, en una España tradicionalista. A pesar de que perduran ciertos tópicos los hombres van tomando conciencia, poco a poco, de lo importante que es para la mujer gozar de los mismos derechos que ellos.

III. Compétence linguistique

1. Solté el libro y la cartera en un sofá, encendí la tele y pasé a la cocina, donde dejé los brécoles y el melón.

2. a) El ascensor está estropeado desde hace dos meses. (Hace dos meses que el ascensor está estropeado.)

   b) Los operarios no tardarán sino otros dos meses. (Los operarios no tardarán más que otros dos meses.)

3. Los operarios han prometido que el ascensor estará arreglado dentro de dos meses.

4. Por más que hago la limpieza cada mañana, está todo sucio cuando vuelvo del trabajo.

5. Il me faut parcourir environ cinq cents mètres jusqu'à la maison. La vérité, me dis-je, c'est que je mène une vie stupide. Aujourd'hui, entre l'essence que j'ai dépensée, la fourrière et l'amende, j'aurais pu me rendre partout en voiture avec chauffeur, et cela ne me serait pas revenu plus cher et en plus il m'aurait déposée à chaque porte comme une dame.

III. Traduction (STT)

cf. 5 ci-dessus

RAPPELS GRAMMATICAUX

◆ L'HYPOTHÈSE

1) **Futur** (hypothèse au présent)

Estará cansada. .... *Elle doit être fatiguée.*
Seguirá averiado. .... *Il doit encore être en panne.*

2) **Conditionnel** ou **futur antérieur** (hypothèse au passé)

Tendría unos seis años. .... *Il devait avoir environ six ans.*
Se **habrá ido** al cine. .... *Il a dû aller au cinéma.*

3) **Deber de** + infinitif (hypothèse au présent ou au passé)

Deben de ser las siete. .... *Il doit être sept heures.*
Debía de estar enfermo. .... *Il devait être malade.*

Exercices complémentaires I

Transformer les phrases suivantes de façon à exprimer l'hypothèse
1. Se ha ido de compras.
2. Te equivocas a propósito de este asunto.
3. No le conviene comer esto.
4. Hacía frío allí.
5. Lo había juzgado inútil.

◆ LA CONCESSION

| 1) | **Aunque** ou **a pesar de que** |

    a) + **indicatif** = *bien que*

Aunque está cansada sube .... *Bien qu'elle soit fatiguée elle monte*
andando.   *à pied.*

    b) + **subjonctif** = *même si*

A pesar de que no le **interese** .... *Même si ça ne l'intéresse pas*
sigue viendo la tele.   *elle continue à regarder la télé.*

• Remarque :   – **a pesar de** s'emploie aussi avec un infinitif
                  – **a pesar de**, **pese a** + substantif = *malgré*

| 2) | **por más que**
por mucho que
por muy + adjectif + **que** | = *avoir beau* |

    a) + **indicatif**

Il s'agit d'un fait réel (la principale est au présent ou au passé).
Por mucho que buscaba, ... *Elle avait beau chercher,*
no lograba aparcar.   *elle ne réussissait pas à se garer.*

    b) + **subjonctif**

Il s'agit d'un fait hypothétique (la principale est au futur ou au conditionnel).
Por muy barato que sea, ... *Cela aura beau ne pas être cher,*
no lo compraré.   *je ne l'achèterai pas.*

Exercice complémentaire II

Mettre le verbe à la forme adéquate
1. Nunca lo hará por más que se lo (decir) su padre.
2. No podrá hacerlo a pesar de que le (ayudar) alguien.
3. Por muy gordo que (ser), corre muy rápido.
4. Aunque (saber) la hora que es, no se dan prisa.
5. Por mucho que (decir) ella, no me convencería.

◆ Semi-auxiliaires

Certains verbes peuvent remplacer « **ser** » ou « **estar** ».pour traduire une idée de mouvement, de persistance, de résultat : **andar**, **ir**, **venir**, **seguir**, **hallarse**, **quedar**, **resultar**.

Voy cargada.	*Je suis chargée.*
Siempre **anda** despreocupado.	*Il est toujours insouciant.*
Vendrán cansados.	*Ils doivent être fatigués.*
Quedará contento.	*Il sera content.*

Exercice complémentaire III

Remplacer « ser » ou « estar » par un semi-auxiliaire

1. Este sillón es cómodo.
2. Muchas personas estuvieron heridas.
3. Lo estaba buscando por todas partes.
4. Estaba enfadado conmigo.
5. La cosa está clara.

VOCABULAIRE THÉMATIQUE
I. Los quehaceres del ama de casa

el ama de casa	*la maîtresse de maison, la ménagère*
Sus Labores (fórmula administrativa)	*femme au foyer*
el hogar	*le foyer*
la vida hogareña	*la vie du foyer*
la cocina casera	*la cuisine familiale*
las faenas domésticas	*les tâches ménagères*
hacer la limpieza	*faire le ménage*
fregar (ie) los platos; el lavavajillas	*faire la vaisselle ; le lave-vaisselle*
colocar la vajilla	*ranger la vaisselle*
fregar el suelo de la cocina	*nettoyer le sol de la cuisine*
limpiar; estar limpio	*nettoyer ; être propre*
ensuciar; estar sucio	*salir ; être sale*
quitar el polvo con un trapo	*enlever la poussière avec un chiffon*
encerar los muebles del salón	*cirer les meubles du salon*
barrer; la escoba	*balayer ; le balai*
barrer para dentro (*fig*)	*tirer la couverture à soi*
ordenar la habitación	*ranger la chambre*
guardar en el cajón	*ranger dans le tiroir*
hacer la cama	*faire le lit*
hacer la colada	*faire la lessive*
la lavadora	*la machine à laver*
los electrodomésticos	*les appareils ménagers*

la bayeta; el cubo; el fregadero	la serpillère ; le seau ; l'évier
la lejía	la lessive, l'eau de javel
tender la ropa en el cuarto de baño	étendre le linge dans la salle de bains
plegar (ie) las sábanas	plier les draps
lavar y planchar la ropa	laver et repasser le linge
el planchado	le repassage
ir de compras	faire les courses
preparar la comida	préparer le repas
pelar las patatas	éplucher les pommes de terre
sacar la leche de la nevera	sortir le lait du réfrigérateur
guisar	cuisiner
freír los huevos en la sartén	faire cuire les œufs dans la poêle
asar el pollo	rôtir le poulet
poner el pescado al horno	mettre le poisson au four
ser una buena cocinera	être un cordon bleu
poner las manos en la masa	mettre la main à la pâte
poner el cubierto	mettre le couvert
La mesa está puesta.	La table est mise.
¡A comer!	A table !
levantar la mesa	débarrasser la table
doblar el mantel y las servilletas	plier la nappe et les serviettes
la criada	la bonne
la asistenta	la femme de ménage
criar a los hijos	élever les enfants
cuidar de los críos	s'occuper des gosses
mecer al nene (en la cuna)	bercer le bébé (dans le berceau)
cantar una nana; arrullar	chanter une berceuse ; bercer
mimar al benjamín	dorloter le petit dernier
regañar al mayor	réprimander l'aîné
acompañar a los niños al parque	accompagner les enfants au parc
llevar al nene a la guardería infantil	emmener le bébé à la crèche
hacer punto; bordar; coser	tricotter ; broder ; coudre
la máquina de coser	la machine à coudre
remendar (ie) los pantalones	raccomoder le pantalon
dar de comer a los niños	donner à manger
preparar la merienda	préparer le goûter

▷ 10 phrases à retenir

1. Hoy día, se dedica menos tiempo a los quehaceres domésticos. / *De nos jours, on consacre moins de temps aux tâches ménagères.*
2. ¡Ordena tu dormitorio! Todo está patas arriba. / *Range ta chambre ! Tout est sens dessus dessous.*
3. Queda la cama sin hacer. / *Le lit n'est pas encore fait.*
4. Me quedan muchas cosas por hacer. / *J'ai encore beaucoup de choses à faire.*
5. El pasado domingo, nos quedamos de sobremesa. / *Dimanche dernier, nous nous sommes attardés à table.*

6.	Mejor es lavar la ropa sucia en casa.	*Il vaut mieux laver son linge sale en famille.*
7.	Ya estamos comiendo, ¡llame más tarde!	*On est à table, rappelez plus tard !*
8.	¡Échame una mano, pon la mesa!	*Donne-moi un coup de main, mets la table !*
9.	Mi madre me mandó hacer recados.	*Ma mère m'a envoyé faire des courses.*
10.	Me toca a mí tirar la basura.	*C'est à mon tour de vider la poubelle.*

VOCABULAIRE THÉMATIQUE
II. LA VIDA COTIDIANA / EL ESTRÉS

Amanece. (el amanecer)	*Le jour se lève. (le lever du jour)*
madrugar	*se lever de bon matin*
Atardece. (el atardecer)	*Le soir tombe. (la tombée du soir)*
Anochece. (el anochecer)	*La nuit tombe. (la tombée de la nuit)*
Toca el despertador.	*Le réveil sonne.*
despertar (ie) sobresaltado	*se réveiller en sursaut*
estar despierto; el despertar	*être réveillé ; le réveil*
tomar una ducha	*prendre une douche*
secarse con una toalla	*se sécher avec une serviette*
afeitarse; maquillarse	*se raser ; se maquiller*
peinarse; vestirse; arreglarse	*se peigner ; s'habiller ; s'arranger*
desayunar, tomar el desayuno	*prendre son petit déjeuner*
café con leche, café solo	*café au lait, café noir*
pan tostado, galletas	*pain grillé, biscuits*
mantequilla y mermelada	*beurre et confiture*
chocolate con churros	*chocolat et beignets*
ir a la oficina cada día	*aller au bureau chaque jour*
ir en coche al trabajo	*aller au travail en voiture*
el tráfico; los atascos	*la circulation ; les embouteillages*
aparcar el coche	*garer la voiture*
el transporte colectivo	*les transports en commun*
tomar, perder el autobús	*prendre, rater l'autobus*
hacer cola en la parada	*faire la queue à l'arrêt du bus*
estar atiborrado; estar a tope	*être bondé ; être plein à craquer*
¡No empuje!	*Ne bousculez pas !*
atropellado por la multitud	*bousculé par la foule*
un lugar muy concurrido	*un lieu très fréquenté*
los transeúntes; los peatones	*les passants ; les piétons*
Los automovilistas tocan la bocina.	*Les automobilistes klaxonnent.*
¡Qué gentío!	*Quelle cohue !*
los trabajadores hacinados en el metro	*les travailleurs tassés dans le métro*
esperar en el andén	*attendre sur le quai*
apearse a la próxima estación	*descendre à la prochaine station*

a la hora punta	à l'heure de pointe
¡Apúrate!	Dépêche-toi !
llegar con retraso	arriver en retard
fichar al llegar a la fábrica	pointer en arrivant à l'usine
¡Qué lata!	Quelle corvée !
los percances del oficio	les inconvénients du métier
los inconvenientes ; las desventajas	les inconvénients ; les désavantages
las ventajas de la media jornada	les avantages du mi-temps
almorzar (ue) con los colegas a la una	déjeuner avec les collègues à une heure
comer de prisa y corriendo	manger à toute vitesse
tener una apretada agenda de trabajo	avoir un emploi du temps chargé
salir del trabajo a las seis en punto	sortir du travail à six heures précises
volver (ue) a casa dos veces al día	rentrer à la maison deux fois par jour
cenar a eso de las once	dîner vers onze heures
acostarse (ue) a medianoche	se coucher à minuit
dormir a pierna suelta	dormir à poings fermés
andar de cabeza	être débordé
estar agobiado de trabajo	être débordé de travail
estar reventado, a	être éreinté, crevé
estar agotado, a	être vidé
el estrés ; estresante ; estresado, a	le stress ; stressant ; stressé
No me tengo en pie.	Je ne tiens plus debout.
No aguanto más.	Je n'en peux plus.
estar hasta la coronilla	en avoir par dessus la tête
estar hasta las narices	en avoir plein le dos
tomarse un respiro	souffler un peu

▷ 10 phrases à retenir

1. LLegué tarde porque se me pegaron las sábanas. — *Je suis arrivé en retard parce que je n'ai pas pu me tirer du lit.*
2. Los atascos me ponen los nervios de punta. — *Les embouteillages me mettent les nerfs en boule.*
3. Los transeúntes se hacinan en la acera. — *Les passants s'entassent sur le trottoir.*
4. De momento, estoy agobiado de trabajo. — *Pour l'instant, je suis débordé de travail.*
5. Me pesa esta vida rutinaria. — *Cette vie de routine m'est pénible.*
6. La vida ajetreada en las grandes urbes provoca estrés. — *La vie trépidante dans les grandes villes est stressante.*
7. Estamos hartos del barrullo y de los empujones. — *Nous en avons assez de la cohue et des bousculades.*
8. Con tanto hormigueo, uno no logra colarse. — *Au milieu d'un tel grouillement, on ne peut pas se faufiler.*
9. Después del trabajo, si nos da tiempo, iremos de copeo. — *Après le travail, si on a le temps, on ira boire un verre.*
10. No es cuestión de echarse a dormir. ¡Ponte las pilas! — *Ce n'est pas le moment de s'endormir. Grouille-toi !*

▷ *Temas para el comentario o el debate*

1. El estrés.
2. La soledad en el mundo moderno. (Cf. Voc. I Sujet 4)
3. La vida familiar hoy en día. (Cf. Voc II Sujet 5)
4. La dejadez de los chicos.

L LV1

SUJET 8

EL VIAJERO PERDIDO

Muy densa, la lluvia se precipitaba en enormes goterones, restallaba[1] con eco agudo sobre el asfalto. El hombre apareció de improviso y se detuvo súbitamente ante él, que hizo un gesto de retroceso, buscando inconscientemente mayor protección bajo el vano[2] del portal en que se había guarecido[3]. El hombre llevaba una maleta pequeña en la mano derecha. Su pelo escurría[4] agua sobre el cuello, empapando[5] la bufanda y las solapas[6] de la gabardina, oscura de tan mojada.

– Por favor – dijo el hombre.

Él, sorprendido, no contestó. El hombre le miraba con ojos muy abiertos.

– Estoy perdido – murmuró el hombre.

Jadeaba[7] como si hubiese estado corriendo.

– Estoy perdido. Tengo que ir a la estación del norte. Debo coger un tren a las doce.

– Está lejos – repuso él – Debería ir en taxi.

– Llevo una hora buscando un taxi, pero no lo encuentro.

– Ahí está el metro – dijo entonces él –. Dése prisa. Tardará casi media hora.

El hombre, tras un balbuceo de agradecimiento, se alejó bajo la lluvia.

Cuando volvió a casa, el encuentro con aquel hombre permanecía en su memoria: el rostro crispado, los ojos temerosos, aquellos titubeos en el modo de pronunciar las palabras. Y el recuerdo del viajero perdido no se esfumó[8] de su imaginación ni mientras concluía los trabajos de la mañana, ni durante el almuerzo, y tampoco a lo largo de la reunión que duró casi toda la tarde.

Regresó a eso de las ocho y media. Se sirvió un trago[9] y se recostó en el sofá contemplando la pantalla apagada del televisor. Persistía en su mente aquel rostro despavorido[10] sobre una figura empapada, adquiriendo la brumosa consistencia de los elementos novelescos. Se levantó y redactó unas notas. Un hombre deambula por una ciudad desconocida. Un hombre atemorizado vaga[11] por una ciudad que no conoce.

A las diez menos cuarto, se fue al escritorio, conectó el ordenador, puso el disco de las ficciones y comenzó a escribir.

Un hombre recorre una ciudad al atardecer. Viajero habitual, proviene de un lugar lejano y es del todo extraño a unas calles donde el viento arremolina billetes viejos de lotería, hojas y colillas[12]. En sus ojos hay tal expresión de fijeza desolada, que los transeúntes con los que se cruza le observan con sorpresa y hasta los vendedores ambulantes y los mendigos lo miran con recelo[13]. El hombre no pasea: vaga. Se detiene a veces ante los escaparates, pero no contempla los objetos ofrecidos, sino la superficie del cristal, buscando un ángulo que le permita descubrir su proprio reflejo como para reconocerse.

40 Después de trabajar casi una hora, imprimió lo redactado. Se sentía muy bien, pues estaba escribiendo otra vez. Conectó el televisor, pero lo contemplaba sin atención, y a través de las imágenes movedizas, seguía representándose la angustia de aquel viajero, que ya no era el de su encuentro de la mañana, sino el de su relato recién comenzado.

José María MERINO, El Viajero perdido. (1990)

(1) restallar: *crépiter*.
(2) el vano: *l'embrasure de la porte*.
(3) guarecido = guarecerse: *s'abriter*.
(4) escurrir: *dégouliner*.
(5) empapar: *tremper*.
(6) las solapas: *les revers*.
(7) jadear: *haleter*.

(8) esfumarse: *s'estomper, s'effacer*.
(9) un trago: *un verre*.
(10) despavorido: *épouvanté*.
(11) vagar: *errer*.
(12) una colilla: *un mégot*.
(13) con recelo: *avec méfiance*.

I. Compréhension du texte

1. ¿De cuántas partes consta el texto? Preséntelas y proponga un título para cada una.
2. ¿En qué medida la frase: « …seguía representándose la angustia de aquel viajero que ya no era el de su encuentro de la mañana sino el de su relato recién comenzado. » (lignes 47-49) refleja el tema principal del texto?

II. Expression personnelle

1. « Cuando volvió a casa el recuerdo de aquel hombre permanecía en su memoria. » (lignes 19-20) Intente usted explicar por qué.
2. Del encuentro al relato: comente y aprecie la transformación.
3. ¿Qué luz aporta el texto sobre el oficio de escritor?

III. Traduction

Traduire depuis « Un hombre recorre... » (ligne 32) jusqu'à la fin.

CORRIGÉ

I. Compréhension du texte

1. Este texto consta de dos partes. La acción del primer movimiento transcurre un día de lluvia, en una calle, en el umbral de un portal. Un viajero extraviado le pregunta al escritor dónde está la estación. En el segundo movimiento, de vuelta a casa al anochecer, el escritor, obsesionado por la silueta atemorizada del desconocido, redacta lo que ha pasado.

   L1-L18: « El encuentro repentino »
   L19-L44: « El relato novelesco »

2. Esta frase refleja el tema principal del texto pues traduce el proceso de elaboración de una ficción a partir de una anécdota de la vida corriente. Descubrimos el poder de sugerencia que posee, para un hombre sensible, una imagen. Una emoción, un encuentro casual, un asunto baladí, pueden ser fuente de inspiración artística y cobrar una dimensión novelesca. Se observa cómo intervienen la fantasía y el genio del escritor para transfigurar la realidad y crear una obra literaria.

II. Expression personnelle

1. La aparición de aquel hombre desconocido, que hubiera podido ser un hecho anodino, le impresionó mucho al protagonista a pesar de ser breve y trivial. Tal vez lo repentino del encuentro haya contribuido a crear esta fuerte emoción. Merino hace hincapié en la sorpresa del héroe: « de improviso », «súbitamente», « sorprendido ». No esperaba que se le encarara un desconocido de modo tan fortuito y le dio miedo como lo muestra su reacción espontánea: dio un paso atrás para ponerse a salvo bajo el portal y sentirse más seguro. También refleja su turbación el que se quedara callado. Sobrecogido por esa irrupción, no se atrevió a responder al viajero que le pedía una dirección. Cuando éste apareció, el escritor estaba observando la lluvia que caía en un violento chaparrón. El ruido sonoro de los goterones habría amortiguado los pasos del caminante y el velo de la lluvia que borraba los contornos habría disimulado su figura convirtiendo al viajero en un scr irreal, como surgido de la nada o de un sueño.

Pronto la compasión sustituyó al temor. Este hombre sometido a la intemperie de una lluvia que lo azotaba y empapaba era inofensivo. No era sino un caminante agotado que se había perdido. Llevaba una hora buscando un taxi y pedía, con cortesía, que se le indicara el camino de la estación. Calado hasta los tuétanos, estaba hecho una lástima y al protagonista sensible le llamó la atención el desasosiego de aquel viajero que, a duras penas, le dirigió la palabra. El héroe conmovido no conseguía olvidar ese farfulleo del viajero desorientado como lo recalcan los vocablos insistentes de que se vale el autor: « murmuró », « jadeaba », « balbuceo », « titubeos ».

Pero lo que más le sobrecogió fue la expresión de la cara, que no se desvanecía: « el rostro crispado, los ojos temerosos ». Por más que lo intentaba, no lograba borrar esa angustia que había leído (o imaginado) en el rostro del desconocido. Merino subraya el vano empeño del personaje en deshacerse de esa imagen indeleble recurriendo a una serie de negaciones: « no se esfumó... ni mientras... ni durante... y tampoco... ». Ese encuentro había sido el de una mirada desolada que le había causado gran impresión. Ahora le asediaba y se volvía una obsesión. ¿Estaba realmente angustiado y desamparado ese desconocido? No hay quien lo pueda afirmar, pero lo cierto es que esta aparición extraña y furtiva que atemorizó y conmovió intensamente al protagonista se quedó grabada en su mente de modo duradero.

2. Atormentado por la imagen del desconocido entrevisto por la mañana, el héroe se pone a redactar una historia protagonizada por el viajero. El relato que escribe no es una simple restitución de lo que ha visto. La emoción provocada por el encuentro fomenta la imaginación del escritor falto de inspiración que reanuda la escritura: « Se sentía muy bien, pues estaba escribiendo otra vez. ». Es de notar que ya, al volver a casa a raíz del encuentro, asoman en su mente elementos que constituyen un embrión de ficción respecto a lo ocurrido, como « los ojos muy abiertos » convertidos en « ojos temerosos ». Los demostrativos en las expresiones: « aquel hombre », « aquellos titubeos », « aquel rostro despavorido », evidencian el proceso de transformación. Ya no se trata del desconocido con el que dio sino de otro ser, alejado, distanciado, al que ve con su mirada de escritor.

Se le imponen dos elementos que son el punto de arranque de su descripción : un hombre « atemorizado » que « deambula por una ciudad ». A partir de estos datos, el escritor da rienda suelta a su imaginación y hace el retrato de un hombre que tiene con el viajero unos parentescos pero que no es mera copia. Siguen presentes los datos temporales aunque han sufrido una alteración. El novelista juzga oportuno situar la escena, ya no por la mañana, sino cuando se pone el sol, siendo este momento más propicio, tal vez, a la extrañeza y la aflicción. En cuanto a la lluvia inhóspita, la reemplaza por otro elemento hostil, el vendaval que levanta remolinos de hojarasca y desperdicios, recreando así un ambiente angustioso.

Los sucesivos apuntes que va tachando nos revelan la progresiva transformación del personaje real en protagonista de ficción. Para dar cuerpo a su descripción va injertando detalles, el calificativo « atemorizado » o una procedencia misteriosa: « proviene de un lugar lejano », lo que le da al viajero una dimensión más enigmática y novelesca. El que sepa muy poco de esta persona tal vez espolee su imaginación. Podemos parar mientes en cómo florea sobre el tema de la pérdida. De un hombre que se ha extraviado pasamos a un viajero « del todo extraño » a la ciudad, cuyo « rostro crispado » refleja ahora una inexplicada « expresión de fijeza desolada ». Ya no procura encontrar sencillamente un camino que lo lleve a la estación sino que yerra solitario y como alucinado, en busca de su identidad. El novelista interioriza la pérdida haciendo de ella una verdadera angustia existencial. El hombre enajenado acecha su imagen buscando su propia esencia. Tampoco carece de interés ver cómo el escritor proyecta su propria sorpresa y su propio miedo en los transeúntes: « le observan con sorpresa », « le miran con recelo ».

Es de notar que, apoyándose en datos precisos y hechos reales, el escritor consigue recrear con mucha libertad un ambiente y dar consistencia a un personaje ficticio inspirado en la realidad pero distinto y original. No se ciñe a la realidad objetiva sino que por su fantasía sabe reinterpretarla y transformar una experiencia turbadora en un obra literaria, mezcla, como decía Borges, de olvido y de recuerdo.

3. Primero se puede reparar en la importancia que cobra, en la vida del protagonista, la creación artística. Se observa que le obsesiona el personaje de la ficción que está inventando. No consigue concentrarse en su trabajo ni distraerse mirando la televisión. Es presa de la visión que le invade por completo y no se siente aliviado hasta que le haya dado cuerpo mediante palabras. Incluso después de redactar sigue acorralándolo el personaje recién creado y su imagen es más vivaz que las que difunde el televisor. Tal vez no se libre del todo hasta que la obra esté impresa, como tampoco pudo librarse de la imagen de la mujer el personaje de Edgar Allan Poe, en « El Retrato oval », hasta concluido el cuadro en el que la retrataba. Se ha hablado mucho ya del vampirismo que ejercen las criaturas en sus creadores. ¿Sigue vigente la idea del artista encerrado en su torre de marfil, apartado del mundo, conviviendo con sus personajes imaginarios, o no es más que un tópico? Por lo visto, el protagonista del texto vive solo, o por lo menos necesita aislarse para escribir, pero se echa de ver que tiene que beber en las fuentes de la vida cotidiana para escribir. Trabaja y compagina, mal que bien, su oficio con el de escritor.

Merino muestra lo arduo que puede ser este oficio que requiere condiciones particulares, disponibilidad, soledad, ensimismamiento. No bastan el talento y la disciplina. A veces el escritor carece de inspiración, lo cual puede vivirse dolorosamente. El artista que consigue crear se realiza y conoce una verdadera felicidad como lo muestra el personaje del texto que se siente « muy bien » después de escribir. La falta de inspiración le angustiaba, por eso se siente tan aliviado y gratificado. Se nota que esta afición corresponde a una necesidad vital y profunda, fuera del éxito público o de la ganancia financiera. Muchos artistas dedican su vida entera a crear. Será un prejuicio creer que lo hacen en la despreocupación y el placer continuo; también conocen el cansancio, la impotencia, la angustia. ¿Será el caso de Merino? Sea lo que sea, es vertiginoso el juego de reflejos, la « mise en abyme » a la que se dedica, imaginando a un personaje-autor en busca de un personaje de ficción.

III. Traduction

Un homme parcourt une ville à la tombée du soir. Voyageur habituel, il vient d'un lieu lointain et il est totalement étranger à ces rues où le vent fait tournoyer de vieux billets de loterie, des feuilles et des mégots. Il y a dans son regard fixe une telle expression de détresse que les passants qu'il croise l'observent avec étonnement et même les vendeurs ambulants et les mendiants le regardent avec méfiance. L'homme ne se promène pas : il erre. Il s'arrête parfois devant les vitrines, pourtant, il ne contemple pas les objets présentés mais la surface de la vitre, cherchant un angle qui lui permette de découvrir son propre reflet comme pour se reconnaître.

Après avoir travaillé presqu'une heure, il imprima ce qu'il avait rédigé. Il se sentait très bien car il écrivait de nouveau. Il alluma le téléviseur, mais il le regardait distrait, et à travers les images qui défilaient, il continuait à se représenter l'angoisse de ce voyageur, qui n'était plus celui qu'il avait rencontré le matin, mais celui du récit qu'il venait juste de commencer.

RAPPELS GRAMMATICAUX

◆ PRÉPOSITIONS ET CONJONCTIONS DE TEMPS

1) Prépositions de temps

antes de : *avant*	**después de** : *après*	**durante** : *pendant*
hasta : *jusqu'à*	**desde** : *depuis (point de départ)*	**desde hace** : *depuis (durée)*
dentro de : *dans*	**para** : *pour*	**por** : *pour (durée ou*
a : *au bout de*		*époque approximative)*

Lo sabemos **desde hace** cinco minutos. .... *Nous le savons depuis cinq minutes.*
Vendréis **por** las vacaciones. .... *Vous viendrez pour les vacances.*
A los dos meses volvió a aparecer. .... *Il réapparut au bout de deux mois.*

2) Conjonctions de temps
   a) avec l'indicatif :

como : *comme*   **después que** : *après que*   **desde que** : *depuis que.*

Después que lo **leyó**, lo guardó. .... *Après l'avoir lu, il le rangea.*

   b) avec le subjonctif : **antes (de) que** : *avant que.*

¡Hazlo **antes que sea** demasiado tarde! .... *Fais-le avant qu'il ne soit trop tard !*

   c) avec l'indicatif ou le subjonctif (Cf. RG subordonnée temporelle Sujet 3) :

cuando: *quand*   **en cuanto, tan pronto como**: *dès que*
mientras: *pendant que, tant que*   **apenas... cuando**: *à peine... que*
hasta que: *jusqu'à ce que.*   **a medida que**, **según**, **conforme**:
                                                 au fur et à mesure que

Según vayáis subiendo, veréis el valle. .... *Au fur et à mesure que vous monterez vous verrez la vallée.*

Exercice complémentaire I

Remplacer les prépositions par les conjonctions de temps correspondantes et apporter les modifications qui s'imposent

1. Quiero que acabes antes de la cena.
2. Después de su llegada se percató de que había perdido la cartera.
3. Durante el viaje iba enfrascada en la lectura de una novela.
4. El oficinista no salió hasta la vuelta del director.
5. No he oído hablar de él desde su llamada telefónica.

◆ COMMENCER OU FINIR UNE ACTION

1) Commencer

Empezar, comenzar a + infinitif = *commencer à*

Empezar, **comenzar** + gérondif ou **por** + infinitif = *commencer par*
Ir a + infinitif = *aller* (futur proche)

Echarse a
Ponerse a } + infinitif = *se mettre à*
Romper a

Estar a punto de + infinitif = *être sur le point de*

Ya **empieza a andar**.	*Il commence déjà à marcher.*
Empecé deletreando despacio.	*Je commençai par épeler lentement.*
Comenzó por explicármelo todo.	*Il commença par tout m'expliquer.*
Me dijeron que **iban a escribirte**.	*Ils m'ont dit qu'ils allaient t'écrire.*

2) Finir

Acabar de + infinitif = *venir de* (passé immediat)
Acabar, **terminar** + gérondif ou **por** + infinitif = *finir par*

Acaba de abrir la puerta.	*Il vient d'ouvrir la porte.*
Terminó confesándolo todo.	*Il a fini par tout avouer.*
Acabaré resignándome.	*Je finirai par me résigner.*

3) Résultat d'une action qui vient d'avoir lieu

estar recién + participe passé

Este cuadro **está recién pintado**. .... *Ce tableau vient d'être peint.*

Exercice complémentaire II

Construire les phrases en mettant le verbe entre parenthèses à la forme adéquate

1. Cuando beben terminan (cantar).
2. La secretaria acaba (llamarle) ahora mismo.
3. Al verlo se puso (correr).
4. Cuando me enteré rompí (llorar)
5. Al llegar siempre empieza (saludar) a todos.

◆ Plus... plus/d'autant plus que/d'autant plus... que

1) Plus... plus
– La comparaison porte sur un **verbe**
Cuanto más + verbe + **más**

– La comparaison porte sur un **nom** (il y a accord)
Cuanto, a (s) más + nom + **más**

Cuanto más escucho esta música, **más** me gusta.	*Plus j'écoute cette musique, plus je l'aime.*
Cuanta más gimnasia hagas, **más** adelgazarás.	*Plus tu feras de la gymnastique, plus tu maigriras.*

2) **Tanto más cuanto que** | *d'autant plus que*
Tanto, a (s) más + nom + **cuanto que** | *d'autant plus...que*
Tanto, a (s) más + nom + **cuanto, a (s) más** + nom | *d'autant plus...que...plus*

Lo sé **tanto más cuanto que** me lo repitió. .... *Je le sais d'autant plus qu'il me l'a répété.*

Le da **tanta más pena cuanto que** no se lo esperaba. .... *Ça lui fait d'autant plus de peine qu'il ne s'y attendait pas.*

Tendrás **tantas más** informaciones **cuantos más** periódicos leas. .... *Tu auras d'autant plus d'informations que tu liras plus de journaux.*

3) **Cada vez más** = *de plus en plus*

Iba cogiendo **cada vez más** flores. .... *Elle cueillait de plus en plus de fleurs*

Remarque : ces mêmes expressions existent avec **menos**.

Exercice complémentaire III

Compléter les phrases par la tournure comparative adéquate

1. ... insistas, ... comprenderá.
2. Lo aprecio ... lo deseaba desde hacía tiempo.
3. ...regalos recibía, ... se alegraba.
4. Tengo ... dificultades ... lecciones tengo que estudiar.
5. Le dará ... alegría ... lo quiere mucho.

VOCABULAIRE THÉMATIQUE
I. LA SORPRESA

dar una sorpresa	*faire une surprise*
llevarse una sorpresa	*avoir une surprise*
estar sorprendido	*être surpris*
Es sorprendente ver	*Il est surprenant de voir*
la extrañeza	*l'étrangeté*
extraño, a; raro, a	*étrange*
¡Qué raro!	*Comme c'est bizarre !*
No es de extrañar.	*Ce n'est pas étonnant.*
el asombro; asombrarse	*l'étonnement ; s'étonner*
mirar con asombro	*ouvrir de grands yeux*
con gran asombro de	*au grand étonnement de*
asombroso, a	*étonnant*
sobrecogedor; sobrecoger	*saisissant ; surprendre*
estupefacto; la estupefacción	*stupéfait ; la stupéfaction*
una noticia estupefaciente	*une nouvelle stupéfiante*
una noticia bomba	*un scoop*
pasmoso, a	*époustouflant, ahurissant*

quedarse pasmado	être épaté, médusé
estar pasmado de amiración	être béat d'admiration
tener cara de pasmado	avoir une mine ébahie
Me dejó pasmado.	Il m'a stupéfié.
estar patidifuso	être baba
el embelesamiento	l'ébahissement
dejar atónito; apabullar	sidérer ; renverser
estar atontado, atolondrado	être ahuri
quedar aturrullado	être abasourdi
quedarse boquiabierto	rester bouche bée
dejar sin habla	laisser sans voix
Me he quedado de una pieza.	Les bras m'en sont tombés.
admirarse de; maravillarse de	s'étonner de
hacerse el despistado	faire l'étonné
coger desprevenido	prendre au dépourvu
coger de sorpresa	prendre par surprise
No me lo esperaba.	Je ne m'y attendais pas.
no dar crédito a sus ojos (sus oídos)	ne pas en croire ses yeux (ses oreilles)
ser increíble, inverosímil	être incroyable, invraisemblable
No acabo de entender cómo…	Je n'arrive pas à comprendre comment…
caer de las nubes	tomber des nues
desconcertante; desconcertar (ie)	déconcertant ; déconcerter
contra toda expectativa	contre toute attente
sobresaltarse; sobresaltar	sursauter ; faire sursauter
Parece mentira que…	Il semble incroyable que…
¡Quién se lo diría!	Qui l'eût cru !
¡No me diga! ¡No puede ser!	Pas possible !
¡Será posible!	C'est incroyable !
¡Anda!	Ça par exemple !
¡Lo que faltaba!	Il ne manquait plus que cela !

▷ 10 phrases à retenir

1. ¡Vaya sorpresa que nos habéis dado! — *Vous nous en avez fait une surprise !*
2. ¡Si me llegan a decir que te ibas a casar con él! — *Qui aurait pensé que tu allais l'épouser !*
3. ¿Conoce usted Macchu Picchu? Es un paraje sobrecogedor. — *Connaissez-vous Macchu Picchu ? C'est un site saisissant.*
4. Se maravilló más de lo que me hubiera imaginado. — *Il a été plus surpris que je ne l'aurais imaginé.*
5. Casi me caigo de espaldas cuando me invitó a tomar una copa. — *J'ai failli tomber à la renverse quand il m'a invité à boire un verre.*
6. ¡Llévate el paraguas para que no te cojan desprevenida! — *Emporte le parapluie pour ne pas être prise au dépourvu !*
7. Es sorprendente que no le hayan explicado cómo funcionaba. — *C'est étonnant que l'on ne vous ait pas expliqué comment ça marchait.*

8. Cuando se lo dije puso una cara de atontado.	*Quand je le lui ai dit il a fait une tête d'ahuri.*
9. Escogí esta foto por el ambiente de extrañeza que se desprende.	*J'ai choisi cette photo à cause de l'atmosphère d'étrangeté qui se dégage.*
10. Cuando se den cuenta de ello se quedarán estupefactos.	*Quand ils s'en rendront compte ils seront stupéfaits.*

VOCABULAIRE THÉMATIQUE
II. EL TIEMPO QUE HACE

Hace buen ≠ mal tiempo.	*Il fait beau ≠ mauvais.*
medir la temperatura	*mesurer la température*
cinco grados bajo cero	*moins cinq degrés*
un clima templado, suave	*un climat tempéré, doux*
un ligero descenso de las temperaturas	*une légère baisse des températures.*
el resplandor de la luna llena	*l'éclat de la pleine lune*
Centellean las estrellas.	*Les étoiles scintillent.*
luna menguante ≠ creciente	*le dernier ≠ le premier croissant*
El cielo está despejado. ≠ cubierto, nuboso	*Le ciel est dégagé. ≠ couvert, nuageux*
la nube; el nubarrón	*le nuage ; le gros nuage*
una nubosidad escasa	*une faible nébulosité*
Escasea la sombra.	*L'ombre est rare.*
un sol de justicia	*un soleil de plomb*
picar; quemar	*cogner ; brûler*
los rayos del sol	*les rayons du soleil*
gastar gafas de sol	*porter des lunettes de soleil*
soleado ≠ sombreado	*ensoleillé ≠ ombragé*
El sol sale ≠ se pone.	*Le soleil se lève ≠ se couche.*
un calor agobiante, un bochorno	*une chaleur accablante*
cálido, tórrido	*chaud, torride*
fresco, a; el frescor	*frais ; la fraîcheur*
tiritar de frío	*grelotter de froid*
un frío de perros	*un froid de loup*
el hielo; helado, a	*le gel ; glacé*
las heladas de madrugada	*les gelées du matin*
la escarcha; el rocío	*le givre ; la rosée*
la niebla del otoño	*le brouillard de l'automne*
la nieve; nevar (ie)	*la neige ; neiger*
la nevada	*la chute de neige*
un viento fuerte ≠ flojo, leve	*un vent fort ≠ léger*
soplar; silbar	*souffler ; siffler*
El cierzo azota.	*La bise fouette.*
arremolinarse en la borrasca	*tourbillonner dans la bourrasque*
el torbellino	*le tourbillon de vent*

las ráfagas del huracán	les rafales de l'ouragan
Amaga la tempestad.	L'orage menace.
El trueno retumba.	Le tonnerre retentit.
Cayó el rayo	La foudre est tombée.
relampaguear ; el relámpago	faire des éclairs ; l'éclair
una gota de lluvia	une goutte de pluie
la estación de lluvias	la saison des pluies
llover (ue) ; lluvioso, a	pleuvoir ; pluvieux
el aguacero, el chaparrón, el chubasco	l'averse
la humedad ; mojarse	l'humidité ; se mouiller
olvidar el paraguas	oublier son parapluie
estar calado hasta los huesos	être trempé jusqu'aux os
Amaina el temporal.	La tempête se calme.
escampar	cesser de pleuvoir
Se divisa un arco iris.	On aperçoit un arc-en-ciel.
Después del aguacero, escampa.	Après la pluie, le beau temps.

▷ 10 phrases à retenir

1. Temía ante todo el invierno crudo de Castilla. — *Je craignais par-dessus tout l'hiver rigoureux de la Castille.*
2. De haber podido, hubiera ido a Andalucía a disfrutar del sol. — *S'il avait pu, il serait allé goûter le soleil de l'Andalousie.*
3. Miraba pensativo los copos de nieve que iban revoloteando. — *Il regardait, songeur, voltiger les flocons de neige.*
4. Hoy el cielo está despejado ; nos gustaría ir a bañarnos. — *Aujourd'hui le ciel est dégagé ; nous aimerions aller nous baigner.*
5. Aunque haya niebla, me iré de madrugada. — *Même s'il y a du brouillard, je partirai à l'aube.*
6. Hace un calor sofocante ; no hay ni pizca de aire. — *Il fait une chaleur étouffante ; il n'y a pas un souffle d'air.*
7. Como siga sin llover, la sequía acabará afectando las cosechas. — *S'il continue à ne pas pleuvoir, la sécheresse va finir par affecter les récoltes.*
8. Las lluvias torrenciales caídas en Asturias causaron graves daños. — *Les pluies torrentielles tombées en Asturies ont causé de graves dommages.*
9. Me traje el chubasquero pues el clima de Galicia es templado pero húmedo. — *J'ai emporté mon ciré parce que le climat de la Galice est tempéré mais humide.*
10. Tenemos que volver pronto a casa porque se viene acercando la tormenta. — *Nous devons vite rentrer chez nous parce que l'orage approche.*

▷ *Temas para el comentario o el debate*

1. El artista y el modelo.
2. El tema de la pérdida de identidad.
3. La soledad, la angustia. (Cf. Voc. II Sujet 6)
4. La novela fantástica.

SUJET 9

L LV2, ES, S, STT

EL EJECUTIVO

07.30. Las tribulaciones del ejecutivo[1]: lectura y comprensión parcial de las cotizaciones de Bolsa, mercado de divisas, mercado de futuros; café con leche (desnatada), biscotes con margarina, las pastillas[2]; ducha, afeitado, violenta aplicación de aftershave. El ejecutivo se pone su impedimenta[3].
5 Ermenegildo Zegna[4] por aquí, Ermenegildo Zegna por allá. Los niños lavados, vestidos y peinados suben al coche del ejecutivo. Papá los llevará al cole[5]. Anoche cenaron en casa de su madre, pero han dormido en casa de su padre. Esta noche cenarán en casa de su padre, pero dormirán en casa de su madre y mañana los llevará al cole su madre y los irá a buscar él para que
10 cenen en su casa o en casa de su madre (telefoneará). Uno de los niños es suyo; al otro no lo ha visto en su vida, pero prefiere no preguntar. Desde que se separó de su mujer (amigablemente) prefiere no preguntar nada a nadie. El ejecutivo conduce el coche con las rodillas; con la mano derecha sostiene el auricular del teléfono del coche; con la mano izquierda sintoniza la radio del
15 coche; con el codo izquierdo sube y baja las ventanillas del coche; con el codo derecho impide que los niños jueguen con el cambio de marchas del coche; con la barbilla pulsa sin pausa el claxon del coche. En la oficina : telex, fax, cartas, mensajes en el contestador; consulta la agenda. Nena[6], cancélame[7] la cita de las once; nena, conciértame una cita a las doce; nena, resérvame una
20 mesa para cuatro en La Dorada; nena, cancela la mesa que tengo reservada en Reno ; nena, resérvame plaza en el vuelo de mañana a Munich ; nena, cancela el vuelo de esta tarde a Ginebra; nena, las pastillas. El ejecutivo aprovecha breves momentos de descanso para aprender inglés :

25 *My name is Pepe Rovelló (...)*

El ejecutivo baila sevillanas[8]. La profesora le riñe, porque se nota que no ha estudiado en casa. (...)
El ejecutivo practica el difícil arte de las castañuelas montado en la
30 Kawasaki. (...)
En el restaurante se limita a un plato de apio[9] (sin sal), un poleomenta[10] y un Cohiba[11]. Las pastillas, el járabe[12] para la digestión, el complejo vitamínico. Las afflicciones del ejecutivo: gastritis, sinusitis, jaqueca[13], problemas circulatorios, estreñimiento[14] crónico. Confunde el Cohiba con el
35 supositorio. En la clase de aerobic se descoyunta los huesos; el traumatólogo lo arregla; la masajista lo vuelve a estropear[15]. Otro problema: su segunda ex mujer está embarazada[16] del ex marido de su primera ex mujer, a) ¿qué

apellidos llevará el recién nacido?, b) ¿quién ha de pagar las ecografías? Otro problema: la tripulación del yate(17) se ha amotinado y anda ejerciendo la piratería por la Costa Dorada.

Eduardo MENDOZA, *Sin Noticias de Gurb* (1991)

(1) *cadre supérieur, chef d'entreprise.*
(2) *cachets, comprimés.*
(3) se pone la ropa, se viste.
(4) marca de lujo para moda masculina.
(5) colegio.
(6) forma familiar para llamar a la secretaria.
(7) cancelar: *annuler, décommander.*
(8) baile folklórico muy de moda en toda España.
(9) *céleri.*
(10) *infusion digestive.*
(11) marca célebre de puros de Cuba.
(12) *sirop.*
(13) *migraine.*
(14) *constipation.*
(15) *abîmer, « esquinter ».*
(16) *enceinte.*
(17) *l'équipage du yacht.*

I. Compréhension du texte (STT : 1 et 2 uniquement)

1. ¿Cómo empieza la jornada del ejecutivo?
2. ¿Cuáles son los pasatiempos del ejecutivo?
3. ¿Cómo calificaría usted la vida del ejecutivo?

II. Expression personnelle (STT : 1 et 3 uniquement)

1. ¿De qué ideas y modas actuales es esclavo este ejecutivo?
2. ¿Por qué resulta cómico este texto?
3. ¿Qué piensa de las relaciones humanas evocadas en este texto, en un mundo donde se multiplican los medios de comunicación?

III. Compétence linguistique (L LV2, ES, S)

1. a) Mettre au passé la phrase suivante

« Con el codo derecho impide que los niños jueguen con el cambio de marchas del coche » (lignes 15-16)

b) Mettre au style indirect, en commençant par : El ejecutivo le dice que…

« Cancélame la cita de las once » (lignes 18-19)
« Conciértame una cita a las doce » (ligne 19)

2. Compléter la phrase suivante en respectant la logique du texte

Si el ejecutivo estudiara en casa las sevillanas, la profesora…(cf. lignes 27-28)

3. Remplacer la structure soulignée par une structure équivalente dans une nouvelle phrase qui respecte le sens du texte

« Prefiere <u>no</u> preguntar <u>nada</u> » (ligne 12)

4. Remplacer la structure soulignée par une structure équivalente dans une nouvelle phrase qui respecte le sens du texte

« La masajista lo <u>vuelve</u> a estropear » (ligne 36)

5. *Traduire*

Traduire depuis « Esta noche cenarán... » jusqu'à « prefiere no preguntar nada a nadie. » (lignes 8-12)

III. Traduction (STT)

cf. **5** ci-dessus

> CORRIGÉ

I. Compréhension du texte

1. La jornada del ejecutivo empieza a las siete y media por un vistazo a la Bolsa; luego toma un desayuno ligero con unas pastillas; se afeita, se perfuma y viste ropa de moda. Listos los niños, los acompañará al colegio en coche. Hace malabarismos para conducir al tiempo que telefonea, abre la radio, pita y regaña a los críos. Por fin irá a la oficina.

2. En sus breves ratos de ocio aprende inglés y también baila sevillanas. Notamos que el ejecutivo va a la clase de aerobic, a lo mejor para quitarse el estrés. Con la referencia al « motín de la tripulación », nos enteramos al final de que tiene un yate, por lo tanto le gustará navegar por el mar.

3. Al observar el trajín del ejecutivo, yo diría que lleva una vida ajetreada, estresante y agobiante; es una verdadera carrera contra reloj; con tantas "tribulaciones", se me antoja un tanto absurdo vivir de este modo.

II. Expression personnelle

1. Con leer la primera frase, notamos que apenas levantado, al ejecutivo le preocupan « las cotizaciones de Bolsa ». El ser ejecutivo, en la actualidad, implica ciertas obligaciones, cierta forma de vida, de las que no puede prescindir. Tiene que estar al tanto de la vida financiera y económica de la que depende su empresa. Le invade la preocupación por su trabajo como lo recalca el que sólo tenga « breves momentos de descanso ». Aprovecha incluso los ratos en que está en el coche ya que éste lleva teléfono, lo que le permitirá comunicarse con gente relacionada con la empresa. La enumeración de los medios modernos de comunicación (telex, fax, contestador) revela la influencia que tiene la tecnología avanzada en los hábitos de trabajo. Se va transformando la jornada en carrera contra reloj. Su horario se convierte en un verdadero rompecabezas porque no quiere perder ni un minuto. Concierta una cita, luego la cancela, a última hora cambia el destino de su vuelo, etc.

Esta imagen moderna del ejecutivo corre pareja con una vida familiar hecha añicos. Por lo visto estuvo ya casado dos veces y quién sabe si una tercera mujer aceptará compartir su vida ajetreada. La evocación de las relaciones con sus allegados pone de manifiesto los cambios intervenidos en la concepción del núcleo familiar. Se ha ido atomizando la familia, pero sin drama, « amigablemente ». El ejecutivo se muestra tolerante al aceptar la presencia de un niño al que desconoce, « sin preguntar nada a nadie ». Como pasa ahora con muchas parejas divorciadas, sigue manteniendo buenas relaciones con sus ex mujeres. Al actuar de este modo, da de sí la imagen de un hombre liberal, en la onda.

Esto se corresponde con los esfuerzos que hace para parecer joven, esbelto y dinámico. Para mantener el tipo, se impone una auténtica ascesis, contentándose con verdura, comida sin sal, leche desnatada, sin olvidar el imprescindible « complejo vitamínico » pregonado por los anuncios. Tampoco se ha salvado de las modas americanas como la consabida gimnasia que adelgaza. El culto al cuerpo ha venido a ser la preocupación de todos, tanto de los hombres como de las mujeres. Igual pasa con la moda, « Ermenegildo Zegna por aquí, Ermenegildo Zegna por allá ». El último grito de la moda será también correr montado en una moto japonesa. Para rematar este retrato arquetípico, no hay que olvidar las clases de inglés que debe tomar cualquier ejecutivo que se precia.

2. Mendoza nos presenta en este texto una caricatura del ejecutivo en la vida actual, empezando por su desayuno: enumera, con frases nominales, los gestos que efectúa de manera mecánica al despertar, como un autómata. Mueve a risa el detalle de la « comprensión parcial » de lo que está leyendo en las páginas económicas como si no le alcanzara el tiempo para comprenderlo todo o como si no tuviera las dotes suficientes como para analizar el documento. La burla se trasluce en la evocación de lo que constituye su dieta cotidiana, alimentos sin grasa ni sal, tanto en casa como en el restaurante, lo que no le ahorra problemas de digestión, a pesar del járabe y de la infusión, como lo añade, con sorna, el autor. El procedimiento de los paréntesis aparece como un guiño humorístico al lector: « (desnatada) », « (amigablemente) », « (sin sal) » etc.

El autor se ríe también cuando puntualiza que el ejecutivo se perfuma con una « violenta aplicación de aftershave » como para mostrarse enérgico. La repetición de « Ermenegildo Zegna por Aquí, Ermenegildo Zegna por allá » subraya lo cómico del personaje que se cree obligado, por su posición social, a lucir prendas de lujo. Con la construcción en quiasma de las dos fórmulas « en casa de su madre » y « en casa de su padre », escarnece la vida familiar del personaje que traslada a los hijos de un lugar a otro. En coche, aparece éste como un as del volante que logra hacerlo todo al mismo tiempo. Es divertidísima la larga enumeración de todas las partes del cuerpo que gesticula en posturas inverosímiles como lo haría el de un contorsionista.

A continuación se vale Mendoza de una serie de paralelismos con órdenes contradictorias para mofarse de la vida febril que lleva el protagonista : « Nena, cancélame », « nena, conciértame », « nena, resérvame ». Lo describe como un principiante que no adelanta mucho, tanto en las clases de inglés como en las de baile. Resulta chusco el que toque castañuelas en la moto. Quiere dárselas de deportista, pero le aquejan todas las enfermedades posibles. Incluso cuando trata de hacer gimnasia, sale con los huesos molidos. Ni le curan las pastillas que viene tomando a lo largo del día para evitar el ataque de nervios. Culmina la exageración, lindando con lo escatológico (« Confunde el Cohiba con el supositorio ») y la hipérbole con la reacción en cadena que provoca la clase de aerobic. Remite al embarazo de su ex mujer con preguntas introducidas por a) y b), lo que depara cierta comicidad a los hechos presentados. Al aludir a una preocupación que no tiene nada que ver con la anterior, la piratería de la tripulación, resulta grotesco y estrafalario el final.

3. A partir del retrato del ejecutivo que nos brinda Mendoza, resulta interesante evocar el tema de la comunicación. Si nos referimos al ejemplo del Señor Rovelló, nos damos cuenta de que le dedica muy poco tiempo a su hijo. Ni siquiera muestra algún interés por saber quién es el niño que está con él. Su papel de padre se limita a conducirlo al cole y ofrecerle casa y comida. Por lo visto, ni le dirige la palabra para reprenderlo en el coche, se contenta con un codazo. En cuanto a las ex mujeres, no quiere saber nada de su vida, « prefiere no preguntar nada a nadie ». Por eso, a lo mejor, se hace las preguntas a sí mismo como si no tuviera tiempo ni ganas de comentarlo con ellas. Tampoco parece dialogar mucho con la secretaria a la que acosa con órdenes y contraórdenes. Y no nos dejemos engañar por el nombre afectuoso con que la llama, que recalca más bien un tono paternalista. Lo que impera por tanto en la descripción de estas relaciones humanas es la incomunicación.

Resulta paradójico que se vayan deteriorando las relaciones humanas al tiempo que invaden el mundo los medios modernos de comunicación como el fax, el telex, el teléfono, el contestador, que facilitan y permiten multiplicar los contactos. Ya no nos hablamos en directo sino mediante intermediarios tecnológicos que nos dan la ilusión de comunicar mientras que en realidad no pasamos de emitir frases. Comunicar de verdad necesitaría que cada uno dedicara más tiempo a los demás y prestara más atención a los intercambios con su entorno. El compartir ideas, la amistad, las relaciones entrañables, sólo pueden existir con tal de no confundir al ser humano con un autómata.

III. Compétence linguistique (L LV2, ES, S)

1. **a)** Con el codo derecho impidió que los niños jugaran con el cambio de marchas del coche.
b) El ejecutivo le dice que le cancele la cita de las once y que le concierte otra a las doce.
2. Si el ejecutivo estudiara en casa las sevillanas, la profesora no le reñiría porque sabría bailar bien.
3. Nada sabe de la vida de su ex mujer.
4. Al día siguiente, el niño cenará de nuevo en casa de su padre.

Toma pastillas otra vez para serenarse.
5. Cette nuit, ils dîneront chez leur père, mais ils dormiront chez leur mère et demain leur mère les conduira au collège et c'est lui qui ira les chercher pour qu'ils dînent chez lui ou chez leur mère (il téléphonera). L'un des enfants est le sien ; l'autre, il ne l'a jamais vu de sa vie, mais il préfère ne pas poser de questions. Depuis qu'il s'est séparé de sa femme (à l'amiable) il préfère ne rien demander à personne.

III. Traduction (STT)

cf. **5** ci-dessus

RAPPELS GRAMMATICAUX

◆ Verbes du type « PEDIR »

e > i

Présent de l'indicatif :	pido, pides, pide, piden (1ère, 2ème et 3ème pers du sing et 3ème pers du plur)
Présent du subjonctif :	pida, pidas, etc. (toutes les pers)
Impératif :	pide, pida, pidamos, pidan (2ème, 3ème pers du sing, 1ère et 3ème pers du plur)
Passé simple :	pidió, pidieron (3ème pers du sing et du plur)
Subjonctif imparfait :	pidiera, pidieras, etc. (à toutes les personnes)
Gérondif :	pidiendo

Verbes du même type : impedir, despedir, seguir, conseguir, reír, sonreír, servir, vestir, rendir, repetir, competir, medir, concebir, reñir.

Exemples :
Viste de moda. .... *Il s'habille à la mode.*
Se despidió de su secretaria. .... *Il prit congé de sa secrétaire.*
Rinden homenaje al progreso. .... *Ils rendent hommage au progrès.*

Reñir ne prend pas de « **i** » à la terminaison dans les cas suivants :
– **riñó, riñeron** (passé simple)
– **riñera, riñeras**, etc. (subjonctif imparfait)
– **riñendo** (gérondif)

Reír n'a jamais deux « **i** » consécutifs :
– **rió, rieron** (passé simple)
– **riera, rieras**, etc.(subjonctif imparfait)
– **riendo** (gérondif)

Exercice complémentaire I

Mettre les verbes entre parenthèses à la forme voulue

1. Va (repetir) siempre lo mismo.
2. ¡(servirse) usted otra copa!
3. He (conseguir) localizarlo.
4. Cuando le dije, ella (sonreír)
5. Hoy, yo (seguir) haciendo régimen.

◆ Verbes d'ordre, de prière

Les verbes d'ordre, de prière, de conseil, de recommandation, d'interdiction, construits en français avec « de + infinitif », se construisent en espagnol avec : « **que + subjonctif** ».

C'est le cas des verbes suivants : **decir, pedir, ordenar, rogar, suplicar, aconsejar, recomendar, impedir**, etc.

Le dice al niño **que** se call**e**. .... *Il dit à l'enfant de se taire.*
Te recomiendo **que hagas** deporte. .... *Je te recommande de faire du sport.*

• Remarque : **mandar** et **prohibir** ont une double construction :

    a) subjonctif, si le complément est un nom

Manda a la secretaria **que** reserve .... *Il ordonne à la secrétaire de réserver*
una mesa.   *une table.*

    b) infinitif, si le complément est un pronom personnel ou s'il n'y a pas de complément

Le manda reservar una mesa. .... *Il lui ordonne de réserver une table.*

• Attention à la concordance des temps : si le verbe de la principale est au passé, le verbe de la subordonnée est au subjonctif imparfait.

Me **pidió** que **viniera**. .... *Il me demanda de venir.*

Exercice complémentaire II

Transformer selon le modèle :

Tienes que hacerlo, te lo digo. > Te digo que lo hagas.

1. Tiene usted que ir a España, se lo aconsejo.
2. Tenéis que estudiar en casa, os lo pido.
3. Tenían que tomar el avión, se lo dijeron.
4. Tenemos que vestir de moda, nos lo recomiendan.
5. Tenían que seguir atentos, se lo sugerían.

◆ LES TEMPS COMPOSÉS

L'espagnol ne dispose que d'un seul auxiliaire **haber** pour former les temps composés. Le participe passé est invariable et n'est jamais séparé de l'auxiliaire (sauf par un pronom personnel en enclise).

Hemos estudiado mucho.	*Nous avons beaucoup étudié.*
Habíamos comido demasiado.	*Nous avions trop mangé.*
Nos **habremos** ido.	*Nous serons partis.*
Habríamos visto mejor.	*Nous aurions mieux vu.*
Cuando **hubimos** bajado…	*Quand nous fûmes descendus…*
Puede que **hayamos** vuelto.	*Il se peut que nous soyons rentrés.*
A no ser que **hubiéramos** salido…	*À moins que nous ne fussions sortis…*
Sin **haber**lo dicho…	*Sans l'avoir dit…*

Quelques participes passés irréguliers :

abierto (abrir)	**cubierto** (cubrir)
dicho (decir)	**escrito** (escribir)
hecho (hacer)	**muerto** (morir)
puesto (poner)	**roto** (romper)
visto (ver)	**vuelto** (volver).

Exercice complémentaire III

Mettre les phrases suivantes au temps composé qui convient

1. Nosotros te (llamar) para que vengas a visitarnos.
2. Si me la hubieras pedido, te la (mandar).
3. Por más que se lo (decir) su padre, se ha empeñado en hacer lo contrario.
4. Ellas (irse) cuando llegues.
5. Cuando Juan (abrir) el libro, se puso a leer.

VOCABULAIRE THÉMATIQUE
I. EL CUERPO HUMANO / LAS POSTURAS

Un hombre de carne y hueso	*un homme en chair et en os*
de gran estatura ≠ de baja estatura	*de grande taille ≠ de petite taille*
alto, a ≠ bajo, a	*grand ≠ petit*
la gordura ≠ la delgadez	*l'embonpoint ≠ la maigreur*
gordo ≠ delgado, a	*gros ≠ maigre*
engordar ≠ adelgazar	*grossir ≠ maigrir*
una silueta esbelta	*une silhouette svelte*
tener bonita figura	*avoir une jolie silhouette*
un gordinflón	*un homme grassouillet*
barrigudo, a	*bedonnant*

un hombre regalón	*un bon vivant*
un comilón ; darse una comilona	*un gros mangeur ; se remplir la panse*
los michelines	*les bourrelets*
una mujer regordeta	*une femme rondelette*
un mozo corpulento	*un jeune homme corpulent*
fuerte ; robusto, a ; fornido, a	*fort ; robuste*
Tiene garbo.	*Elle a de l'allure.*
el porte	*l'allure, le port*
¡Vaya pinta!	*Quelle drôle d'allure !*
el paso, el andar	*la démarche*
arrodillarse ; de rodillas	*s'agenouiller ; à genoux*
incorporarse	*se redresser*
asomarse a la ventana	*se pencher à la fenêtre*
sacar el pecho	*bomber le torse*
recostado en una pared	*adossé au mur*
tumbarse ; echarse	*s'allonger ; s'étendre*
estar de pie ; ponerse en pie	*être debout ; se mettre debout*
a pies juntillas	*à pieds joints*
de puntillas	*sur la pointe des pieds*
sentarse (ie)	*s'asseoir*
alargar la mano	*tendre la main*
dar un apretón de manos	*serrer la main*
con las manos en los bolsillos	*les mains dans les poches*
con ambas manos	*à deux mains*
estar mano sobre mano	*se tourner les pouces*
alzar el puño	*lever le poing*
con los puños cerrados	*les poings serrés*
cogidos del brazo	*bras dessus, bras dessous*
cruzarse de brazos	*se croiser les bras*
cabizbajo ; cabeza gacha	*tête baissée*
encogerse de hombros	*hausser les épaules*
pisarle el pie a uno	*marcher sur le pied de qqn*
estar acodado	*être accoudé*
estar codo con codo	*se tenir les coudes*
hablar hasta por los codos	*être un moulin à paroles*
empinar el codo (fig)	*lever le coude (fig)*
señalar con el dedo	*montrer du doigt*
de espaldas	*de dos*
volver (ue) la espalda	*tourner le dos*
doblar el espinazo	*courber l'échine*
doblegarse ante	*courber le dos devant*
estar encorvado	*être courbé*
llevar a cuestas	*porter sur le dos*

▷ 10 Phrases à retenir

1. He engordado tanto que este vestido me ciñe demasiado. — *J'ai tellement grossi que cette robe me serre de trop.*
2. Me volvió la espalda y se fue sin decir ni pío. — *Il me tourna le dos et partit sans un mot.*
3. Ya no tengo hambre; me harté. — *Je n'ai plus faim ; je suis repu.*
4. Me duelen tanto los riñones que no puedo agacharme. — *J'ai tellement mal aux reins que je ne peux pas me baisser.*
5. Anduvo de puntillas para no hacer ruido. — *Il marcha sur la pointe des pieds pour ne pas faire de bruit.*
6. Don Quijote era alto y flaquísimo. — *Don Quichotte était grand et très maigre.*
7. Se despereza bostezando. — *Il s'étire en bâillant.*
8. Se sentó y se cruzó de piernas con soltura. — *Elle s'assit et croisa les jambes avec désinvolture.*
9. Al oír el timbre, pegué un salto. — *J'ai fait un bond en entendant la sonnette.*
10. Se echaron a caminar dando zancadas. — *Ils se mirent à marcher à grandes enjambées.*

VOCABULAIRE THÉMATIQUE
II. LAS ENFERMEDADES / LA SALUD

Me haces daño.	*Tu me fais mal.*
Me duele la barriga.	*J'ai mal au ventre.*
Le duelen las muelas.	*Il a mal aux dents.*
tener jaqueca	*avoir la migraine*
Me dan calambres.	*J'ai des crampes.*
estar lleno de agujetas	*être plein de courbatures*
estar pachucho	*se sentir faiblard*
estar hecho un trapo	*être flagada*
estar hecho polvo	*être crevé*
estar a punto de desmayarse	*être au bord de l'évanouissement*
un mareo	*un étourdissement, une nausée*
sentirse mareado o indispuesto	*éprouver un malaise*
el malestar ≠ el bienestar	*le malaise ≠ le bien-être*
estar cansado; el cansancio	*être fatigué ; la fatigue*
Tengo las piernas que me bailan.	*J'ai les jambes en coton.*
tener escalofríos	*avoir des frissons*
tiritar	*grelotter*
Me castañetean los dientes.	*Je claque des dents.*
tener fiebre	*avoir de la fièvre*
coger gripe	*attraper la grippe*
estar constipado; el catarro	*être enrhumé ; le rhume*
curar un resfriado	*soigner un rhume*
estar estreñido	*être constipé*

padecer reuma	*souffrir de rhumatismes*
los achaques de salud	*les ennuis de santé*
estar malo, enfermo	*être malade*
darse de baja	*se mettre en congé*
recetar medicinas	*prescrire des médicaments*
consultar con el médico	*consulter le médecin*
curar una enfermedad	*soigner une maladie*
Más vale prevenir que curar.	*Mieux vaut prévenir que guérir.*
cuidar a un enfermo	*soigner un malade*
el diagnóstico precoz	*le dépistage*
la vacuna, la inyección, la jeringa	*le vaccin, la piqûre, la seringue*
curas médicas	*des soins médicaux*
la sangre; sangrar	*le sang ; saigner*
donante de sangre	*donneur de sang*
estar herido; une herida	*être blessé, une blessure*
reponerse	*se rétablir*
recobrar fuerzas	*reprendre des forces*
estar bien de salud	*être bien portant*
estar sano	*être en bonne santé*
rebosar de salud	*respirer la santé*
rebosar de energía	*déborder d'énergie*
Menuda marcha tiene.	*Il a une sacrée pêche.*
estar la mar de bien	*être en pleine forme*
relajarse	*se détendre*
estar relajado	*être relax*
la higiene corporal	*l'hygiène corporelle*
estar a régimen	*être au régime*
una dieta baja en calorías	*un régime basses calories*
alimentos sin materia grasa	*des aliments sans matière grasse*
controlar el peso	*surveiller son poids*
mantener el tipo	*garder la ligne*
hacer gimnasia	*faire de la gymnastique*
rejuvenecer	*rajeunir*
no aparentar su edad	*ne pas faire son âge*

▷ 10 Phrases à retenir

1. Estos dolores de estómago me vuelven loca. — *Ces maux d'estomac me rendent folle.*
2. ¿Qué tal te encuentras hoy? — *Comment te sens-tu aujourd'hui ?*
3. No he pegado el ojo en toda la noche. — *Je n'ai pas fermé l'œil de la nuit.*
4. La gente acude a los balnearios para perder kilos. — *Les gens se rendent dans les stations balnéaires pour perdre des kilos.*
5. No mejoró desde anoche. — *Son état ne s'est pas amélioré depuis hier soir.*
6. Por poco me desmayo. — *J'ai failli tomber dans les pommes.*
7. De tanto correr, le va a dar un infarto. — *À force de courir, il va avoir un infarctus.*

8.	Estoy que no puedo conciliar el sueño.	*Je suis dans un tel état que je n'arrive pas à dormir.*
9.	¡Deja de comer a dos carrillos y haz ejercicios físicos!	*Cesse de manger comme quatre et fais de l'exercice !*
10.	Fumar perjudica la salud.	*Fumer nuit à la santé.*

▷ ***Temas para el comentario o el debate***
1. Evolución e imagen del hombre actual. (Cf. Voc. I Sujet 5)
2. Carrera contra reloj y estrés. (Cf. Voc. II Sujet 7)
3. Encontrarle un sentido a la vida. (Cf. Voc. II Sujet 10)
4. La vida familiar hoy por hoy. (Cf. Voc. II Sujet 5)
5. El culto al cuerpo.
6. La influencia de las nuevas tecnologías en la vida moderna.

EL PRIMER CINE

En 1908, siendo todavía un niño, descubrí el cine.

En aquella época, el cine no era más que una atracción de feria, un simple descubrimiento de la técnica. En Zaragoza, aparte el tren y los tranvías que ya habían entrado en los hábitos de la población, la llamada técnica moderna apenas había empezado a aplicarse. Me parece que en 1908 no había en toda la ciudad más que un solo automóvil y funcionaba por electricidad. El cine significaba la irrupción de un elemento totalmente nuevo en nuestro universo de la Edad Media...

En los cines de Zaragoza, además del pianista tradicional, había un explicador que, de pie al lado de la pantalla[1], comentaba la acción.

Por ejemplo:

– Entonces el conde Hugo ve a su esposa en brazos de otro hombre. Y ahora, señoras y señores, verán ustedes al conde sacar del cajón de su escritorio[2] un revólver para asesinar a la infiel.

El cine constituía una forma narrativa tan nueva e insólita que la inmensa mayoría del público no acertaba a comprender lo que veía en la pantalla ni a establecer una relación entre los hechos. Nosotros nos hemos acostumbrado insensiblemente al lenguaje cinematográfico, al montaje, a la acción simultánea o sucesiva e incluso al salto atrás[3].

Al público de aquella época, le costaba descifrar el nuevo lenguaje.

De ahí la presencia del explicador.

Nunca olvidaré cómo me impresionó, a mí y a toda la sala por cierto, el primer travelling que vi. En la pantalla, una cara avanzaba hacia nosotros, cada vez más grande, como si fuera a tragársenos[4]. Era imposible imaginar ni un instante que la cámara se acercase a aquella cara o que ésta aumentase de tamaño por efecto de trucaje, como en las películas de Méliès[5]. Lo que nosotros veíamos era una cara que se nos venía encima y que crecía desmesuradamente. Al igual de Santo Tomás, nosotros creíamos lo que veíamos...

Durante los veinte o treinta primeros años de su existencia, el cine estuvo considerado como una diversión de feria, algo bastante vulgar, propio de la plebe[6], sin porvenir artístico. Ningún crítico se interesaba por él. En 1928 o 1929, cuando comuniqué a mi madre mi intención de realizar mi primera película, ella se llevó un gran disgusto[7] y casi lloró, como si le hubiera dicho « Mamá, quiero ser payaso »[8]. Fue necesario que interviniera un notario, amigo de la familia, quien le explicó muy serio que con el cine se podía ganar bastante dinero y hasta producir obras interesantes, como las grandes películas rodadas en Italia, sobre temas de la Antigüedad. Mi madre se dejó convencer, pero no fue a ver la película que ella había financiado.

Luis BUÑUEL[9], *Mi Último suspiro* (1982)

(1) la pantalla: *l'écran.*
(2) el cajón de su escritorio: *le tiroir de son secrétaire.*
(3) el salto atrás: *le flash-back.*
(4) tragar: *avaler.*
(5) Méliès, cineasta francés (1861-1938), uno de los creadores del arte cinematográfico.

(6) la plebe: el pueblo (peyorativo).
(7) llevarse un disgusto: *être contrarié.*
(8) un payaso: *un clown.*
(9) Luis Buñuel (1900-1983), uno de los cineastas más famosos del siglo XX.

I. Compréhension du texte

1. ¿Qué contexto evoca Luis Buñuel al principio del texto?
2. ¿Qué acontecimiento se grabó en su memoria?
3. ¿Qué decidió Buñuel en los años veinte?

II. Expression personnelle

1. ¿Cómo se justificaba en aquella época la presencia del explicador?
2. ¿Cuál fue la reacción de la madre de Buñuel frente al proyecto de su hijo? ¿Cómo se explica?
3. **(L LV2, ES, S uniquement)** ¿Comparte usted la opinión de la madre de Buñuel? ¿En qué ha evolucionado el oficio de cineasta desde aquel entonces?

III. Compétence linguistique (L LV2, ES, S)

1. Mettre les phrases suivantes à la troisième personne en commençant par: Luis Buñuel declaró que...

« Nunca olvidaré cómo me impresionó, a mí y a toda la sala por cierto, el primer travelling que vi. En la pantalla, una cara avanzaba hacia nosotros, cada vez más grande » (lignes 22-24)

2. a) Remplacer la forme soulignée par une autre de sens équivalent

« El cine <u>no</u> era <u>más que</u> una atracción de feria. » (ligne 2)

b) Formuler cette négation de forme différente

« <u>Ningún</u> crítico se interesaba por él » (ligne 32)

3. Réemployer le mot souligné dans une phrase personnelle qui respecte le sens du texte

« Nosotros nos hemos acostumbrado insensiblemente al lenguaje cinematográfico, al montaje, a la acción simultánea o sucesiva e <u>incluso</u> al salto atrás. » (lignes 17-19)

4. *Compléter la phrase suivante dans l'esprit du texte en employant un autre verbe que le verbe « intervenir »*

« Fue necesario que… » (ligne 35)

5. *Traduire depuis :*

« Fue necesario que… » (ligne 35) jusqu'à la fin.

III. Traduction (STT)

« Fue necesario que… » (ligne 35) jusqu'à la fin.

> CORRIGÉ

I. Compréhension du texte

1. Buñuel evoca el contexto en el que descubrió el cine, cuando niño, a principios de siglo. Surgió en una época en la que la técnica estaba recién nacida. Sólo funcionaba un automóvil en Zaragoza y el cine mudo constituía un fenómeno novísimo en ese mundo feudal.

2. El cineasta recordaría siempre el primer travelling que vio porque le impresionó muchísimo. No conocía la técnica ni el trucaje por lo tanto pensaba, en su mente de niño cándido, que la cara que veía en la pantalla iba creciendo de verdad.

3. Para Buñuel, el cine fue la revelación de su vocación. Por eso, en los años veinte, decidió hacerse director de cine aunque, en aquella época, no era un oficio de gran porvenir artístico sino una mera atracción como el circo. Al enterarse de tal decisión, su madre se puso muy triste pero Buñuel tenía mucho interés por ello pues consiguió convencer a la madre que tanto se oponía a su deseo.

II. Expression personnelle

1. En los años 1900, la proyección de películas desconcertó a un público que, por primera vez, veía desfilar las imágenes en la pantalla. Como lo dice Buñuel, « le costaba descifrar el nuevo lenguaje ». El cine de aquella época era mudo ya que no se había logrado todavía sonorizar las películas. Si el pianista podía crear un ambiente con su música, sugerir algunos sentimientos como el miedo, la alegría, o subrayar lo dramático o lo cómico, su presencia, sin embargo, no bastaba para que la gente entendiera del todo el argumento o los matices de la expresión de los actores. Frente a estas lagunas técnicas, el papel del explicador era sumamente importante. Tenía que explicar a los espectadores los nexos entre las diferentes escenas para evidenciar el hilo conductor de la historia. Como la técnica no permitía sino representar planos fijos, puesto que no se habían explorado todas las posibilidades de la cámara y de su movimiento, el explicador había de comentar las elipsis en la narración, los cambios de lugares o el transcurso del tiempo. A veces no se contentaba el explicador con aclarar los hechos algo oscuros, describía lo que todos veían o intervenía para anticipar en la narración.

El público, ingenuamente, creía lo que veía, como lo dice Buñuel. Por eso les impresionó tanto el primer travelling a los contemporáneos del cineasta, acostumbrados a ver a los actores de carne y hueso en el escenario de un teatro o de una ópera. Solían verlos en pie, de tamaño natural, lo que explica su espanto ante el primer plano de una cara que « crecía desmesuradamente ». Esta anécdota a la que alude el director de cine recuerda el temor de los espectadores de la primera película de los hermanos Lumière, sobrecogidos por la visión de un tren que se les venía encima. « El cine constituía una forma narrativa tan nueva e insólita » que era imprescindible la presencia del explicador para ayudar a la gente a familiarizarse con el lenguaje cinematográfico.

2. A la madre de Buñuel le dio mucha pena el saber que su hijo quería rodar una película. Al enterarse de este proyecto « se llevó un gran disgusto ». Su primera reacción fue considerar este propósito grotesco y disparatado; era como si su hijo hubiera querido « ser payaso ». No acertaba a tomar en serio la intención de su hijo. Se explica su actitud por el poco crédito de que gozaba el cine de aquel entonces, considerado como una atracción de circo. La pertenencia de aquella mujer a un medio social burgués explica que viera esta afición como una « diversión de feria, algo bastante vulgar, propio de la plebe ». La madre de Buñuel despreciaba la inclinación de su hijo por el cine que no había adquirido aún el valor y prestigio que tiene ahora. « Ningún crítico se interesaba por él ».

Por eso fue necesario que un intercesor mediara por el hijo. Consiguió persuadir a la madre de que el cine no carecía de interés aludiendo a las grandes películas que ya se habían realizado sobre temas históricos. El « notario, amigo de la familia » sugirió que podía ser un buen negocio, además de tener un valor cultural. Sin embargo, el que no quisiera ver la película revela que no aceptó del todo la decisión de su hijo de dedicarse al cine. Muy a menudo, lo nuevo choca con el conservadurismo de la gente apegada a los valores tradicionales. La madre de Buñuel, como mucha gente de la época, no lograba imaginar que el cine pudiera tener un « porvenir artístico » como lo ilustrarían la carrera y la fama de Luis Buñuel.

3. Me parece interesante observar que a la madre de Luis Buñuel le costó reconocerle al cine un valor artístico. Lo cierto es que al nacer, el cine no pasaba de ser una atracción que despertaba la curiosidad de la mayoría por su innovación técnica. La función de cine atraía a la gente de todas las capas sociales, por eso podía parecer « vulgar » o « propio de la plebe ». Para el público de la época, el cine se acercaba más al circo por ser popular. No requería una cultura de élite y podía seducir a cualquiera por sus imágenes, su magia, su lenguaje – más sencillo que ahora – que favorecían una comprensión inmediata. Pero muy pronto se convirtió en una expresión más compleja, más elaborada.

Por lo tanto, la gente se dio cuenta de que había una verdadera creación ya que el trabajo del director de cine no consiste sólo en recurrir a una cámara para producir imágenes. Le corresponde idear un guión, concebir una escenografía, jugar con la luz, dirigir a los actores. El cine supone el uso de un lenguaje propio que fue enriqueciéndose con los avances técnicos. Pero también, como la literatura, se vale de metáforas, de símbolos, de elipsis y como la pintura o la fotografía, le da importancia a la plástica y recrea la realidad. Existen ahora, no como en tiempos de la madre de Buñuel, muchos críticos que se interesan por él, que descifran y comentan la escritura cinematográfica. Incluso en las universidades se estudia, pues se lo considera como un arte y se le otorga el interés que merece.

III. Compétence linguistique (L LV2, ES, S)

1. Luis Buñuel declaró que nunca olvidaría cómo le impresionó, a él y a toda la sala por cierto, el primer travelling que vio. En la pantalla, una cara avanzaba hacia ellos, cada vez más grande.
2. a) El cine no era sino (el cine sólo era) una atracción de feria.
   b) No se interesaba por él ningún crítico (crítico alguno).
3. El notario le explicó a la madre de Buñuel que su hijo podía hacerse rico e incluso crear obras de arte.
4. Fue necesario que mediara por mí un amigo de la familia para explicarle a mi madre lo interesante que era el cine.
5. Il fallut qu'intervienne un notaire, ami de la famille, qui lui expliqua très sérieusement que le cinéma permettait de gagner pas mal d'argent et même de produire des œuvres intéressantes comme les grands films tournés en Italie sur des thèmes de l'Antiquité. Ma mère se laissa convaincre, mais elle n'alla pas voir le film qu'elle avait elle-même financé.

III. Traduction (STT)

cf. **5** ci-dessus

Rappels grammaticaux

♦ Mots négatifs

Nada, **nadie**, **nunca**, **jamás**, **ninguno**, **tampoco**, ont une double construction : ils se placent après le verbe si celui-ci est précédé de **no** ou avant le verbe, sans autre négation.

No viene **nunca** a verme. \
Nunca viene a verme. .... *Il ne vient jamais me voir.*

No lo sabe **nadie**. \
Nadie lo sabe. .... *Personne ne le sait.*

¿**Tampoco** sales tú ? \
¿**No** sales tú **tampoco**? .... *Tu ne sors pas non plus ?*

• Tournure équivalente : **ninguno** peut être remplacé, dans une phrase négative ou après « **sin** », par **alguno** qui est dans ce cas postposé au nom.

No tiene **ningún** valor. \
No tiene valor **alguno**. .... *Cela n'a aucune valeur.*

¡**Sin ninguna** duda! \
¡**Sin** duda **alguna**! .... *Sans aucun doute !*

• Remarques :
– **Apenas** a la même double construction.

Apenas se mueve. \
No se mueve **apenas**. .... *Il bouge à peine.*

– *ne... même pas* se traduit par **ni siquiera**, **ni... siquiera**, **no... siquiera** (ou encore par **ni** ou **no... ni**)

Ni me lo dijo **siquiera**. .... *Il ne me l'a même pas dit.*
No quiso **ni** decírmelo. .... *Il n'a même pas voulu me le dire.*

Exercice complémentaire I

Donner une autre construction possible

1. Ningún libro de él me interesó.
2. No lo consentiré jamás.
3. Ni sabe bailar este chico.
4. No me apetece nada.
5. Tampoco vendrá mañana.

◆ Ne... que / ne... pas... mais

1) Ne... que

No... más que
No... sino
Sólo

No vi **más que** una película de él.
No vi **sino** una película de él. .... *Je n'ai vu qu'un film de lui.*
Sólo vi una película de él

2) Ne... pas... mais

No... sino
Au lieu de **pero** (= mais), l'espagnol emploie **sino** dans une phrase négative pour marquer une opposition.
No vi esta película en el cine .... *Je n'ai pas vu ce film au cinéma*
sino en la televisión. *mais à la télévision.*

No... sino que
On utilise cette tournure si l'opposition s'exerce entre deux verbes conjugués.
No hablaba **sino que** gritaba. .... *Il ne parlait pas mais criait.*

Exercice complémentaire II

Réunir les deux propositions qui se complètent

1. No fui yo...
2. No dice...
3. No me invitó...
4. No me lo dijo...
5. Consintió en prestarme...

a) ... sino una vez.
b) ... sólo mil pesetas.
c) ... sino mi hermano.
d) ... más que tonterías.
e) ... sino que lo adiviné.

◆ Les tournures affectives

Dans les tournures affectives, le sujet au lieu d'apparaître agissant est présenté comme subissant un sentiment, une impression, un désir, un goût, un caprice, un souvenir, etc. Par conséquent le verbe est toujours à la troisième personne du singulier ou du pluriel.

1) Forme intransitive

gustar *(plaire, aimer)* **agradar** *(faire plaisir, être agréable)*
doler *(avoir mal)* **costar** *(avoir du mal à)*

tocar *(échoir)*	**pesar** *(regretter, être pénible)*
apetecer *(avoir envie de)*	**avergonzar** *(avoir honte)*, etc.

A ti **te** to**ca** pagar. .... *C'est à toi de payer.*
Nos avergü**enza** contarle. .... *Nous avons honte de lui raconter.*

2) Forme réfléchie

ocurrírsele *(venir à l'esprit de qqn)*	**antojársele** *(prendre la fantaisie, sembler)*
figurársele a uno *(imaginer)*	**acordársele** *(se souvenir)*
olvidársele *(oublier)*	**hacérsele** *(paraître, trouver)*, etc.

Se me antoja ir al cine. .... *Il me prend l'envie d'aller au cinéma.*
Se te olvid**aron** las entradas. .... *Tu as oublié les billets.*

3) Locutions

dar ganas *(avoir envie)*,	**dar pena** *(avoir de la peine)*,
dar miedo *(avoir peur)*,	**dar lástima** *(avoir de la peine, avoir pitié)*,
dar vergüenza *(avoir honte)*, etc.	

Le dan ganas de salir. .... *Il a envie de sortir.*
Me da lástima verlo así. .... *J'ai de la peine de le voir comme cela.*

Exercice complémentaire III

Utiliser la tournure affective qui convient avec les pronoms personnels adéquats

1. A ellos … / … más el chocolate que el café.
2. Al niño, no le gustan las películas de horror porque … / ….
3. A vosotros, los alumnos, … / … comprender las matemáticas porque es difícil.
4. A mí no se … / … ninguna respuesta.
5. ¿No se … / … largo el viaje, a ti?

VOCABULAIRE THÉMATIQUE
I. EL CINE

---

rodar una película	*tourner un film*
el rodaje	*le tournage*
el director de cine, el cineasta	*le réalisateur, le cinéaste*
el guión ; el guionista	*le scénario ; le scénariste*
la escena; la secuencia	*la scène ; la séquence*
los movimientos de la cámara	*les mouvements de la caméra*
el montaje lineal	*le montage linéaire*
la banda de sonido	*la bande son*
sonorizar	*sonoriser*

grabar; una grabación	enregistrer ; un enregistrement
un film en blanco y negro, en color	un film en noir et blanc, en couleurs
la iluminación	l'éclairage
sacar una foto a contraluz	prendre une photo à contre-jour
un fotograma	un photogramme.
el travelling, travelín	le travelling
la panorámica	le panoramique
un plano en picado	un plan en plongée
el contrapicado	la contre-plongée
el encuadre; encuadrar	le cadrage ; cadrer
el objetivo; el gran angular	l'objectif ; le grand angle
el enfoque	1. la mise au point 2. le point de vue
enfocar	1. faire la mise au point 2. envisager
La angulación se ensancha.	L'angle de prise de vue s'agrandit.
un trasfondo enfocado	un arrière-plan net
la profundidad de campo	la profondeur de champ
el campo contra campo	le champ contrechamp
estar fuera de campo	être hors-champ
la voz off	la voix off
el plano de conjunto	le plan d'ensemble
el plano medio	le plan moyen
el primer plano	le premier plan ; le gros plan
proyectar en la pantalla	projeter sur l'écran
un reparto de primer orden	une distribution de tout premier ordre
un actor fabuloso	un acteur fabuleux
una actriz estupenda	une actrice formidable
una estrella de cine	un vedette de cinéma
compartir estrellato con	partager la vedette avec
hacer el papel de	jouer le rôle de
la actuación de las actrices	le jeu des actrices
una película del oeste	un western
Dan una película policíaca.	On passe un film policier.
una película de aventuras entretenida	un film d'aventures amusant
sacar las entradas en la taquilla	prendre les billets au guichet
la sesión de noche	la séance de nuit
la sesión de madrugada	la dernière séance
el estreno de una película	la sortie d'un film
continuar en cartel	être encore à l'affiche
el noticiario	les actualités
el documental	le documentaire
hojear la Guía del Ocio	feuilleter l'Officiel des Spectacles
tener éxito	avoir du succès
no defraudar las expectativas de…	ne pas décevoir l'attente de…
ser un fracaso rotundo	être un échec retentissant, un four
ser un tostón	être un navet
un argumento flojo	un argument faible

no perderse una película de	ne pas rater un film de
conquistar fama	devenir célèbre
una película premiada	un film primé
la pequeña pantalla	le petit écran
los televidentes, los telespectadores	les téléspectateurs
el telediario	le journal télévisé
una serie, una telenovela, un culebrón	une série, un feuilleton
el programa de hoy	le programme d'aujourd'hui
el vídeo; el casete	le magnétoscope ; la cassette

▷ 10 phrases à retenir

1.	Esta película sigue en cartel desde hace dos meses.	*Ce film est à l'affiche depuis deux mois.*
2.	Esta película de Almodóvar tuvo un éxito estrepitoso.	*Ce film d'Almodóvar a eu un succès retentissant.*
3.	Hace poco se estrenó la película de Víctor Erice.	*Le film de Víctor Erice est sorti il n'y a pas longtemps.*
4.	Echan una película de Buñuel.¡No te la pierdas!	*On passe un film de Buñuel. Ne le rate pas !*
5.	Seis de cada diez películas son americanas. ¡fíjate!	*Six films sur dix sont américains. Tu te rends compte !*
6.	Sacaste esta foto a contraluz: se nota el contraste.	*Tu as pris cette photo à contre-jour : on remarque le contraste.*
7.	No estoy de acuerdo con su modo de enfocar la realidad.	*Je ne suis pas d'accord avec sa façon d'envisager la réalité.*
8.	El ángulo de toma en picado permite ver la escena desde lo alto.	*La prise de vue en plongée permet de voir la scène d'en haut.*
9.	Me encanta cómo trabaja este actor.	*J'adore la façon de jouer de cet acteur.*
10.	Este guión es divertidísimo: es para morirse de risa.	*Ce scénario est très drôle : c'est à mourir de rire.*

VOCABULAIRE THÉMATIQUE
II. GUSTOS Y AFICIONES

ser aficionado a la música	être passionné de musique
los aficionados a los toros	les amateurs de corrida
la afición a	le goût pour
tener una predilección por	avoir une prédilection pour
sus autores predilectos	ses auteurs préférés
tener una inclinación hacia	avoir un penchant pour
ser propenso a	être enclin à
ser proclive a	avoir tendance à
tener un gusto marcado por	avoir un goût nettement marqué pour
entender de cine	s'y connaître en cinéma

ser entendido	être un connaisseur
Toca genial el piano.	Il joue drôlement bien du piano.
el aliciente de la lectura	l'attrait de la lecture
ser atractivo	être attrayant
desear con locura	désirer follement
anhelar ser un artista	aspirer à être un artiste
el afán por conseguir…	le désir ardent d'obtenir…
la dedicación de un pintor a su arte	la dévotion d'un peintre à son art
apasionarse por el teatro	être passionné de théâtre
apasionado, a; apasionante	passionné ; passionnant
Me entusiasma ir al concierto.	Je suis très content d'aller au concert.
¡Qué entusiasmo!	Quel enthousiasme !
estar entusiasmado	être enthousiasmé
Le encanta leer novelas.	Il adore lire des romans.
Nos ilusiona ir a la ópera.	Nous nous réjouissons d'aller à l'opéra.
encapricharse de	s'enticher de
estar loco por alguien	être fou de qqn
Me chiflan las obras de…	Je suis fou des œuvres de…
estar chocho por	raffoler de
pirrarse por una actriz	être fou d'une actrice
estar chalado por una estrella	être dingue d'une star
Me mola cantidad.	Ça me botte.
no ser más que un antojo	n'être qu'une lubie
agradar ≠ desagradar	plaire ≠ déplaire
No me gusta nada.	Je n'aime pas du tout.
aborrecer, detestar, odiar	détester, haïr
No es lo mío.	Ce n'est pas mon truc.
Me deja frío.	Cela me laisse froid.
No soy un fanático de…	Je ne suis pas un fana de…
Me trae sin cuidado.	Cela me laisse indifférent.
no interesarse por	ne pas s'intéresser à
Le repele esta idea.	Cette idée lui répugne.
Es un asco de foto.	C'est une photo infecte.
Es asqueroso.	C'est dégoûtant.
Es espeluznante este lienzo.	Cette toile est effrayante.
Me horripila.	Cela me fait frémir.

▷ 10 phrases à retenir

1. Esta exposición me agradó mucho. — *Cette exposition m'a beaucoup plu.*
2. Para mí, no hay nada como la música. — *D'après moi, rien ne vaut la musique.*
3. Prefiero ir al museo antes que quedar en casa. — *Je préfère aller au musée plutôt que de rester à la maison.*
4. No le gusta en absoluto la arquitectura moderna. — *Il n'aime pas du tout l'architecture moderne.*
5. Lo que le interesa más que todo es la fotografía. — *Ce qui l'intéresse par-dessus tout c'est la photographie.*

6.	Es entendido en coreografía, es un aficionado.	*Il s'y connaît en chorégraphie, c'est un passionné.*
7.	Aborrezco este tipo de espectáculo.	*Je déteste ce genre de spectacle.*
8.	Mi debilidad es la pintura de Picasso.	*J'ai un faible pour la peinture de Picasso.*
9.	Lo que me enrolla, es la moto. ¡Es guay!	*Ce qui me branche, c'est la moto. C'est super !*
10.	Sobre gustos no hay nada escrito.	*Tous les goûts sont dans la nature.*

▷ *Temas para el comentario o el debate*

1. Tradición y novedad.
2. El artista frente al conservadurismo.
3. El papel de los padres en el porvenir de los hijos. (Cf. Voc. I Sujet 14)
4. El nacimiento de una vocación. (Cf. Voc. II Sujet 10)
5. El lenguaje cinematográfico.

SUJET 11

L LV1, L LV2

SOMBRAS DE LA INFANCIA

El viajero sube ahora hacia La Mata por el viejo camino que, de niño, tantas veces recorriera bajando a bañarse al río o a comprar pan a Valdepiélago. El viajero, a pesar de los años, lo recuerda todavía exactamente: la cuesta del Carvajal, con sus robles añejos, solitaria y medrosa[1] igual que siempre; la era
5   del tío[2] Pablo, con su cercado de alambre y su caseta de piedra; el sendero del monte ; el viejo y solitario cementerio. Por el camino del Carvajal, la noche va cayendo, el viajero reconoce cada curva y cada cuesta, pero, a pesar de ello, no consigue evitar la sensación de volver ahora a La Mata como si fuera un forastero[3]. Quizá porque él lo es, por condición, en todas partes. Quizá
10 porque, en el fondo, en el país de la infancia, todos somos extranjeros.

Pero el tiempo no pasa, de igual forma para los que se quedaron que para los que se fueron. El tiempo tiene un ritmo distinto para los jóvenes y para los viejos y, a la entrada de La Mata, en la primera casa del pueblo, *tía* Lina sigue sentada como si por ella no pasara el tiempo.
15 – ¿Qué? ¿Tomando el fresco? – la saluda el viajero al llegar junto a ella.

– Un poco – dice *tía* Lina riéndose.

Tía Lina es seguramente la más vieja del pueblo. *Tía* Lina es vieja y soltera y, como no tiene televisión ni radio, se acuesta con las gallinas y se levanta con los gallos. Pero, como hoy hace buen tiempo, se ha quedado a la puerta
20 después de la cena, contemplando el paisaje y tomando el fresco.

– ¿Y cómo no va hasta la plaza, que habrá más gente? – le sugiere el viajero.

– ¿Para qué, si luego tengo que volver? – se ríe *tía* Lina, enseñando otra vez su único diente.
25 Pero *tía* Lina no es la única en La Mata por la que parece que no ha pasado el tiempo. *Tía* Lina es la más vieja de La Mata, pero, desde su casa hasta la casa de sus padres, en el centro del pueblo, el viajero va cruzando por las calles viejas sombras del pasado que permanecen como ella exactamente igual que en sus recuerdos.

Julio LLAMAZARES, *El Río del olvido*. (1990)

(1) medrosa: *effrayante*.
(2) el tío..., la tía... : *le père..., la mère...*
(3) forastero: *étranger au village*.

I. Compréhension du texte

1. ¿Qué observa el viajero al recorrer de nuevo el viejo camino hacia su pueblo?
2. Complete: Sin embargo, se siente...
3. ¿Parece haber cambiado la gente del pueblo?

II. Expression personelle

1. Explique usted la reflexión sobre el tiempo que nos propone el narrador.
2. ¿Qué representa el personaje de tía Lina para este viajero?
3. ¿Opina usted como el protagonista que viajar es sentirse un forastero?

III. Compétence linguistique (L LV2)

1. Mettre au passé depuis :

« Por el camino del Carvajal... » jusqu'à « como si fuera un forastero. »
(lignes 6-9)

2. Remplacer la tournure soulignée par une tournure équivalente

a) « No <u>consigue</u> evitar... » (lignes 7-8)
b) « Por el viejo camino que, <u>de niño</u>, tantas veces recorriera » (lignes 1-2)
c) « <u>Habrá</u> más gente. » (ligne 21)

3. Imiter, en imaginant une autre phrase ayant un rapport avec le texte et en changeant le verbe, la tournure suivante

« La noche va cayendo. » (lignes 6-7)

4. Mettre à la première personne la phrase :

« Sigue sentada como si por ella no pasara el tiempo. » (lignes 13-14)

5. En respectant le sens du texte, compléter la phrase :

El viajero le sugirió a tía Lina que... (cf. lignes 21-22)

6. Traduire depuis :

« Pero el tiempo no pasa... » jusqu'à : « no pasara el tiempo » (lignes 11-14)

III. Traduction (L LV1)

Traduire depuis « Pero el tiempo... » jusqu'à « contemplando el paisaje y tomando el fresco. » (lignes 11-20)

CORRIGÉ

I. Compréhension du texte

1. Comprueba que lo recuerda todo; recuerda perfectamente el paisaje: desde la era del tío Pablo hasta el cementerio. Son los lugares familiares de su infancia y aunque pasó el tiempo se da cuenta de que corresponden a la imagen que se quedó grabada en su mente.

2. Sin embargo, se siente forastero en el pueblo de su infancia. Piensa el protagonista que, a lo mejor, lo es por todas partes o bien, como nos suele pasar a todos, el paso del tiempo nos lleva a un sentimiento de extrañeidad frente a los lugares de nuestra infancia.

3. Parece que el tiempo no ha pasado por la gente del pueblo. Al llegar a La Mata, el viajero saluda a tía Lina, una anciana del pueblo, sentada en el umbral de su casa como si no se hubiera movido nunca. Al seguir caminando hasta la casa de sus padres, se encuentra con otros viejos que tampoco han cambiado, idénticos a los de sus recuerdos. El curso de la vida en el pueblo parece haberse parado.

II. Expression personnelle

1. Después de muchos años de ausencia, el narrador, al regresar a su pueblo natal, expresa una serie de observaciones en torno al tiempo. Primero se percata de que no han cambiado los paisajes de su infancia ya que nada los diferencia de sus recuerdos: « lo recuerda todavía exactamente ». Cada detalle le resulta familiar : « reconoce cada curva y cada cuesta ». Podría tener la impresión de que nada ha cambiado para él, sin embargo comprueba que se siente « como si fuera un forastero ». Experimenta cierta sensación de desfase: todo le parece igual que antes pero a la vez tiene conciencia de que es el ayer y de que él no es el mismo. No puede desandar lo andado, se ha creado una ruptura con la distancia de los años, por lo tanto llega al pueblo como un viajero o un extranjero que pasa por aquellos lugares con una mirada distinta. Por eso observa el narrador que « el tiempo no pasa de igual forma para los que se quedaron que para los que se fueron ». Asimismo el tiempo fluye de modo diferente para los jóvenes y para los viejos. Éstos parecen vivir más despacio y no a todo correr como aquéllos: « el tiempo tiene un ritmo distinto para los jóvenes y para los viejos » comenta el narrador. Los jóvenes van transformándose y evolucionando de la niñez a la madurez mientras que los ancianos siguen iguales. Los ve el protagonista como « viejas sombras del pasado », como si no los alcanzara el tiempo por ser ya viejos. Lo que explica la reflexión del narrador que considera que por ellos « parece que no ha pasado el tiempo ».

2. Como queda dicho, es como si por tía Lina no pasara el tiempo. Representa la permanencia, lo inmutable para el narrador que la ve ahora igualita que cuando dejó el pueblo, como si el tiempo no hubiera dejado huellas en ella. Tía Lina parece seguir viviendo al margen del tiempo, a contracorriente de la evolución del mundo y de la modernización (« no tiene ni televisión ni radio ») y así viene a ser el símbolo de la vida rural ajena al ajetreo de la ciudad (« se acuesta con las gallinas y se levanta con los gallos »). Los ritmos del campo organizan su vida de la que disfruta en armonía con la naturaleza. Se pasa el tiempo tomando el fresco, contemplando con sosiego el paisaje; ni siquiera « va hasta la plaza » puesto que tendría que volver, como se lo explica con gracia al viajero. Se lo toma todo con calma, no ve la necesidad de moverse, en contra de lo que hace el viajero. Por lo tanto para el narrador tía Lina es como una estampa que le trae lejanos y nostálgicos recuerdos de su infancia. La anciana, como el pueblo, son para el peregrino la memoria, la supervivencia de tiempos arcaicos, lo eterno frente al fluir del tiempo.

3. Me llamó la atención el que el viajero se sintiera como « un forastero », quizás « por condición en todas partes ». El protagonista, cuyo nombre ignoramos, se define a lo largo del relato como un arquetipo: « el viajero ». Analiza lo que experimenta a través de su viaje y se da cuenta de la distancia que lo separa del lugar que recorre. A pesar de haber pisado muchas veces el mismo camino, se siente excluido. Cierto es que, cuando uno viaja, ve los lugares, los paisajes y la gente con cierta distancia, no puede tener, por más que lo intente, la misma mirada que el que lo ve todo desde cerca y desde siempre. Ésta es la condición del viajero. Viajar le da la ilusión de ir conociendo, de comprender lo que va descubriendo pero no deja de ser una visión superficial, un vínculo frágil con lo genuino. Si lo que busca el viajero a través de sus andanzas es huir de su universo cotidiano, es por condición un forastero. Se excluye de su mundo sin por eso conseguir adentrarse en otro. El viajero arquetípico es un trotamundos que va quemando kilómetros y tragando paisajes sin echar raíces.

III. Compétence linguistique (L LV2)

1. Por el camino del Carvajal, la noche iba cayendo, el viajero reconocía cada curva y cada cuesta, pero, a pesar de ello, no conseguía evitar la sensación de volver ahora a La Mata como si fuera un forastero.
2. **a)** No logra evitar…(no acierta a evitar, no atina a evitar)
   b) Por el viejo camino que, siendo niño (cuando niño), tantas veces recorriera.
   c) Debe de haber más gente.
3. El viajero iba caminando cuesta arriba hacia La Mata.
4. Sigo sentada como si por mí no pasara el tiempo.
5. El viajero le sugirió a tía Lina que fuera hasta la plaza donde pudiera charlar con la gente.
6. Mais le temps ne passe pas de la même façon pour ceux qui sont restés que pour ceux qui sont partis. Le temps a un rythme différent pour les jeunes et pour les

vieux et, à l'entrée de La Mata, devant la première maison du village, la mère Lina est toujours assise là comme si le temps n'avait pas de prise sur elle.

III. Traduction (L LV1)

Mais le temps ne passe pas de la même façon pour ceux qui sont restés que pour ceux qui sont partis. Le temps a un rythme différent pour les jeunes et pour les vieux et, à l'entrée de La Mata, devant la première maison du village, la mère Lina est toujours assise là comme si le temps n'avait pas de prise sur elle.
– Alors, on prend le frais? – lui lance le voyageur en forme de salut en arrivant à sa hauteur.
– Un peu – dit la mère Lina en riant.
La mère Lina est sûrement la plus vieille du village. La mère Lina est vieille et célibataire et, comme elle n'a ni télévision ni radio, elle se couche avec les poules et se lève avec les coqs. Mais, comme aujourd'hui il fait bon, elle est restée devant la porte après le dîner à contempler le paysage et à prendre le frais.

RAPPELS GRAMMATICAUX

◆ Prépositions de lieu : « A », « EN », « POR »

1) **A** : Le mouvement vers

Iremos **a** la sierra.	*Nous irons à la montagne.*
Llegó **a** casa muy tarde.	*Il est arrivé à la maison très tard.*
Me marché **a** España.	*Je suis parti en Espagne.*

Attention : en dehors de toute idée de mouvement, la préposition **a** indique une localisation ou une position précises : **a** la sombra de, **a** orillas de, **a** la puerta, **a** tres kilómetros, etc.

2) **EN** : Le lieu où l'on est

Están **en** el campo.	*Ils sont à la campagne.*
Se bañaban **en** el río.	*Ils se baignaient dans la rivière.*
Vi esta película **en** el cine.	*J'ai vu ce film au cinéma.*

3) **POR** : Le mouvement à l'intérieur d'un lieu

Los coches circulan **por** la autopista.	*Les voitures circulent sur l'autoroute.*
La familia pasea **por** el parque.	*La famille se promène dans le parc.*
Viajé **por** Andalucía.	*J'ai voyagé en Andalousie.*

Autres prépositions :

Desde: *depuis* **Hasta**: *jusqu'à*
De: *de* **Hacia**: *vers*
Dentro de: *dans* **Fuera de**: *hors de*
Cerca de: *près de* **Lejos de**: *loin de*

Delante de: *devant*
Debajo de: *sous*
Enfrente de: *en face de*

Detrás de: *derrière*
Encima de: *sur*
Alrededor de: *autour de*

Exercice complémentaire I

Compléter par la préposition « a », « en », « por », selon le cas

1. ¡Ven … verme mañana!
2. Pasaré … su casa a las tres.
3. Pasé el verano … España.
4. De momento, vivimos … Barcelona.
5. ¡Tíralo … la papelera!

◆ ENCLISE DU PRONOM PERSONNEL

1) Le pronom personnel complément sans préposition ou réfléchi se place obligatoirement après le verbe et se soude à lui à l'**infinitif**, au **gérondif** et à l'**impératif**.

Direct	Indirect	Réfléchi
me	me	me
te	te	te
lo, la	le	se
nos	nos	nos
os	os	os
los, las	les	se

Exemples :

Voy a ver**lo**. .... *Je vais le voir.*

Estaba riéndo**se**. .... *Elle était en train de rire.*

¡Cuénta**me** una historia! .... *Raconte-moi une histoire !*

2) S'il faut utiliser deux pronoms personnels compléments, le pronom complément indirect se place toujours le premier (ne pas oublier l'accent écrit).

¡Dí**melo**! .... *Dis-le-moi !*

3) Quand les deux pronoms sont à la 3ème personne, l'indirect se change en « **se** ».

Voy a cantár**selo**. .... *Je vais le lui (leur) chanter.*

Exercice complémentaire II

Compléter avec le ou les pronoms qui conviennent (penser à rajouter l'accent si nécessaire)

1. No le contaste esta historia : tienes que contar…/…
2. De niño, me gustaba bañar… en el río.

3. Mirando…, nos sonrió irónicamente.
4. ¿Te compraste un abrigo? ¡Pon…/…!
5. Vengo a decir…, a mamá y a ti, que me marcho.

◆ Les différents moments de l'action

1) L'action en cours : **Estar + gérondif** = être en train de

Está mirando el paisaje. .... *Il est en train de regarder le paysage.*

2) La progression : **Ir + gérondif** met en évidence l'évolution graduelle de l'action (peu à peu, petit à petit, lentement)

El cielo **va despejándose**. .... *Le ciel se dégage peu à peu.*

3) La continuité : **Seguir + gérondif** = continuer à

Seguía pensando en ella. .... *Il continuait à penser à elle.*

4) La durée : **Llevar** + unité de temps + **gérondif**

Llevaba una hora **recorriendo** .... *Il parcourait le village depuis une*
el pueblo.   *heure.*

Remarque : les expressions **seguir** et **llevar** se construisent avec **sin + infinitif** pour exprimer une idée négative.

Sigo sin saber la verdad. .... *Je ne sais toujours pas la vérité.*
LLevo diez años sin verlo. .... *Cela lait dix ans que je ne le vois pas.*

Exercice complémentaire III

Transformer les phrases suivantes en employant la tournure adéquate avec le gérondif

1. Ahora viven en las afueras de Madrid.
2. Te espero desde hace dos días.
3. Una vez lejos de aquí, se acordará todavía de nosotros.
4. Poco a poco descubría las calles del pueblo.
5. El sol se ponía lentamente.

VOCABULAIRE THÉMATIQUE
I. El tiempo / la memoria

---

el transcurso del tiempo .... *le cours du temps*
El tiempo transcurre (fluye, pasa). .... *Le temps s'écoule.*
pasarse el tiempo rumiando el pasado .... *passer son temps à ressasser le passé*
matar el tiempo .... *tuer le temps*
hacer tiempo .... *faire passer le temps*
Se me hace largo el día. .... *La journée me paraît longue.*

Se me pasó el tiempo volando.	Je n'ai pas vu le temps passer.
Se me acaba el tiempo.	Le temps me manque.
tener tiempo	avoir le temps, du temps
¡Tardaste mucho!	Tu en as mis du temps !
Lleva tres días en el pueblo.	Cela fait trois jours qu'il est au village.
Lleva un mes sin venir.	Cela fait un mois qu'il n'est pas venu.
Descansaba desde hacía una hora.	Il se reposait depuis une heure.
¿Desde hace cuánto?	Depuis combien de temps ?
Hace mucho tiempo.	Cela fait longtemps.
dentro de un minuto	dans une minute
Acaba de llover.	Il vient de pleuvoir.
Acabó olvidándolo.	Il a fini par l'oublier.
una casa recién construida	une maison qui vient d'être construite
en épocas remotas	à une époque lointaine
en aquellos tiempos	en ce temps-là
el desgaste del tiempo	l'usure du temps
antaño, nuestros antepasados…	autrefois, nos ancêtres…
hoy día, hoy por hoy, en la actualidad	de nos jours, actuellement
ayer, hoy, mañana	hier, aujourd'hui, demain
a principios del siglo veinte	au début du XXème siècle
a fines del año	à la fin de l'année
al cabo de dos meses	au bout de deux mois
añorar el tiempo pasado	avoir la nostalgie du temps passé
echar de menos su pueblo natal	regretter son village natal
recordar la patria chica	se souvenir de sa terre natale
acordarse de su abuelo	se souvenir de son grand-père
¿Qué habrá sido de él?	Qu'est-ce qu'il a bien pu devenir ?
¿Qué es de tu vida?	Qu'est-ce que tu deviens ?
las huellas del pasado	les marques du passé
Cualquier tiempo pasado fue mejor.	C'était le bon temps.
tiempos hubo, y no lejanos, en los que…	le temps n'est pas si lointain où…
Le ha dado el ramalazo nostálgico.	Il a eu un coup de nostalgie.
los recovecos de la memoria	les méandres de la mémoire
borrar de la memoria	effacer de sa mémoire
un recuerdo borroso, vago	un souvenir flou, vague
le vino a la memoria que…	il lui revint en mémoire que…
Se me ocurre una idea.	Il me vient une idée.
eterno, a; imperecedero, a; inmutable	éternel, impérissable, immuable
duradero, a; fugaz; efímero, a	durable, fugace, éphémère
antiguo, a ≠ reciente	ancien ≠ récent
diario, a; cotidiano, a	quotidien
De día trabajaba.	Le jour, il travaillait.
De noche dormía.	La nuit, il dormait.
antes de ≠ después de	avant ≠ après
durante el verano	pendant l'été

mientras tanto	*pendant ce temps-là*
mientras buscaba	*pendant qu'il cherchait*
al compás de	*au rythme de*
a medida que	*à mesure que*

▷ 10 phrases à retenir

1.	Recuerdo aquellos años en que paseaba con el bisabuelo.	*Je me souviens de ces années où je me promenais avec mon arrière grand-père.*
2.	Los domingos, solía echar una siesta.	*Le dimanche, j'avais l'habitude de faire la sieste.*
3.	Se sabe el recorrido de memoria.	*Il connaît le trajet par cœur.*
4.	Nunca más he vuelto a saber de él.	*Je n'ai plus jamais entendu parler de lui.*
5.	Era a mediados de julio, si la memoria no me falla.	*C'était à la mi-juillet, si j'ai bonne mémoire.*
6.	¡Quién pudiera dar marcha atrás!	*Ah ! Si je pouvais revenir en arrière !*
7.	El tren tarda cuatro horas en llegar a Madrid.	*Le train met quatre heures pour arriver à Madrid.*
8.	Aún nos quedan dos horas largas de viaje.	*Il nous reste encore deux bonnes heures de voyage.*
9.	Sigue vivo el pasado.	*Le passé n'est pas mort.*
10.	Se le fue por completo de la cabeza.	*Cela lui est complètement sorti de la tête.*

VOCABULAIRE THÉMATIQUE
II. CAMINO DEL PUEBLO

---

camino de Santiago	*sur le chemin de Saint-Jacques*
de camino	*chemin faisant*
encaminarse hacia la casa	*prendre le chemin de la maison*
el caminante	*le voyageur (à pied)*
darse una larga caminata	*faire une longue randonnée*
el senderismo ; el senderista	*la randonnée ; le randonneur*
la mochila ; la cantimplora	*le sac à dos ; la gourde*
dar un paseo ; pasear (por)	*faire une promenade, se promener*
dar una vuelta	*faire un tour*
dar la vuelta al pueblo	*faire le tour du village*
yendo hacia el norte	*en allant vers le nord*
andar por la carretera	*marcher sur la route*
estar a punto de marcharse	*être sur le point de partir*
recorrer un sendero pedregoso	*parcourir un sentier pierreux*
desandar lo andado	*rebrousser chemin*
ir en dirección a	*aller en direction de*
caminar sin rumbo	*marcher sans but*
al borde del camino	*au bord du chemin*

llegar al cruce de	arriver au croisement
ir río arriba	remonter la rivière
ir cuesta abajo	descendre la côte
ir a lo largo del pinar	longer la pinède
en la linde del bosque	à l'orée du bois
a orillas del río	au bord de la rivière
echar por el atajo	prendre le raccourci
aminorar la marcha	ralentir le pas
hacer un alto	faire une halte
detenerse a mitad del camino	s'arrêter à mi-chemin
tumbarse en la hierba	s'allonger sur l'herbe
tumbado boca abajo ≠ boca arriba	allongé à plat ventre ≠ sur le dos
reanudar la marcha	se remettre en route
a campo traviesa	à travers champs
en campo raso	en rase campagne
dormir a cielo raso	dormir à la belle étoile
trepar hasta lo alto	grimper jusqu'en haut
subir a la cumbre del cerro	monter au sommet de la colline
bajar al fondo del valle	descendre au fond de la vallée
faltan tres kilómetros hasta	il reste trois kilomètres jusqu'à
La finca dista un kilómetro.	La ferme est à un kilomètre.
acercarse a ≠ alejarse de	s'approcher de ≠ s'éloigner de
divisar la aldea a lo lejos	apercevoir la bourgade au loin
encontrarse a la vista de	se trouver en vue de
ensancharse ≠ estrecharse	s'élargir ≠ se rétrécir
encaramado en la ladera de la montaña	juché sur le versant de la montagne
el caserío	1. le hameau 2. la ferme
el aldeano ; el vecino	le villageois ; l'habitant
el ambiente pueblerino	l'atmosphère du village
ser oriundo de	être originaire de
el campesino ; el mundo rural; el terruño	le paysan ; le monde rural ; le terroir
las faenas del campo	les travaux des champs
los productos agrícolas	les produits agricoles
una callejuela empinada	une ruelle escarpée
doblar la esquina	tourner au coin de la rue
al final de la calle	au bout de la rue
buscar el frescor de la sombra	chercher la fraîcheur de l'ombre
los soportales de la plaza	les arcades de la place
El campanario se recorta en el cielo.	Le clocher se découpe sur le ciel.
Doblan las campanas de la iglesia.	Les cloches de l'église sonnent.
la tapia que rodea el huerto	le mur qui entoure le jardin
las paredes encaladas (de las casas)	les murs blanchis à la chaux

▷ 10 phrases à retenir

1.	Lleva ya cinco kilómetros recorridos.	*Il a déjà parcouru cinq kilomètres.*
2.	Todavía queda mucha distancia por recorrer.	*Il reste encore beaucoup de chemin à faire.*
3.	Aún no he dado cuatro pasos y ya me sale al encuentro.	*J'ai à peine fait deux pas qu'il vient déjà à ma rencontre.*
4.	Cuando llegue al cruce, tuerza a mano derecha.	*Quand vous arriverez au croisement, tournez à droite.*
5.	Conforme se alejaba, iban desapareciendo los tejados.	*Au fur et à mesure qu'il s'éloignait, les toits disparaissaient.*
6.	¿Habrá una fuente donde pueda uno resfrescarse?	*Y a-t-il, par hasard, une fontaine où on puisse se rafraîchir ?*
7.	Allá, por debajo del puente de piedra, corre el riachuelo.	*Là-bas, sous le pont en pierre, coule le ruisseau.*
8.	Pasa de largo, sin detenerse siquiera a descansar.	*Il passe son chemin, sans s'arrêter, ne serait-ce que pour se reposer.*
9.	Es uno de los paisajes más hermosos que he visto en mi vida.	*C'est un des paysages les plus beaux que j'aie jamais vus.*
10.	Después de andar mucho, se sentó a la sombra de un árbol.	*Après avoir longtemps marché, il s'assit à l'ombre d'un arbre.*

▷ *Temas para el comentario o el debate*

1. La memoria.
2. Pueblos deshabitados. (Cf. Voc. II Sujet 4)
3. El retorno a los orígenes.
4. Viejos y jóvenes. (Cf. Voc. I Sujet 12, Voc. II Sujet 5)

UN EXTRATERRESTRE

Un extraterrestre observa nuestro planeta y lo compara con el suyo.

Invaden la plaza bandadas de niños recién salidos de los colegios. Juegan al aro, al diábolo y a la gallinita ciega[1]. El verlos me entristece aún más. En mi planeta no existe lo que aquí se denomina la infancia. Al nacer, nos introducen en nuestros órganos cogitativos[2] la dosis necesaria (y autorizada) de sabiduría[3], inteligencia y experiencia; pagando un suplemento, nos introducen también una enciclopedia, un atlas, un calendario perpetuo, un número indefinido de recetas de cocina de Simone Ortega y la guía Michelin (verde y roja) de nuestro amado planeta. Cuando alcanzamos la mayoría de edad, y previo examen[4], nos introducen el código de la circulación, las ordenanzas[5] municipales y una selección de las mejores sentencias del tribunal constitucional. Pero infancia, lo que se dice infancia, no tenemos. Allí cada uno vive la vida que le corresponde (y punto) sin complicarse la suya ni complicar la de los demás. Los seres humanos, en cambio, a semejanza[6] de los insectos, atraviesan por tres fases o etapas de desarrollo, si el tiempo se lo permite. A los que están en la primera etapa se les denomina niños; a los de la segunda, currantes[7] y a los de la tercera, jubilados[8]. Los niños hacen lo que se les manda; los currantes, también, pero son retribuidos por ello; los jubilados también perciben unos emolumentos[9], pero no se les deja hacer nada, porque su pulso no es firme y suelen dejar caer las cosas de la mano, salvo el bastón y el periódico. Los niños sirven para muy poca cosa. Antiguamente se los utilizaba para sacar carbón de las minas, pero el progreso ha dado al traste[10] con esta función. Ahora salen por la televisión, a media tarde, saltando, vociferando y hablando una jerigonza[11] absurda. Entre los seres humanos, como entre nosotros, se da también una cuarta etapa o condición, no retribuida, que es la de fiambre[12], y de la que más vale no hablar.

Eduardo MENDOZA, *Sin Noticias de Gurb.*

(1) aro, diábolo, gallinita ciega : juegos de niños.
(2) órganos cogitativos : *les organes de la pensée.*
(3) sabiduría : *savoir.*
(4) previo examen : *après nous avoir fait subir un examen.*
(5) ordenanzas : *arrêtés.*
(6) a semejanza de : como.
(7) currantes : *ceux qui « bossent ».*
(8) los jubilados : *les retraités.*
(9) emolumentos : *pension de retraite.*
(10) dar al traste : *réduire à néant.*
(11) jerigonza : *jargon.*
(12) fiambre : *(pop)macchabée.*

I. Compréhension du texte

1. ¿Qué le pone triste al extraterrestre?
2. ¿Qué elementos vienen a señalar la mayoría de edad para los extraterrestres?
3. ¿Cuáles son las fases que jalonan la vida de los humanos, según el extraterrestre?

II. Expression personnelle

1. Apoyándose en ejemplos precisos del texto, analice la formación que reciben los extraterrestres en su planeta.
2. Analice la condición de los niños en el planeta de los humanos tal como la presenta el autor.
3. ¿Qué opina usted en cuanto al papel del juego en el desarrollo de la personalidad?

III. Compétence linguistique

1. Réemployer la construction soulignée, en changeant le verbe, dans une nouvelle phrase ayant un rapport avec le texte

« El verlos me entristece. » (ligne 2)

2. Donner une tournure équivalente à la construction soulignée

« Al nacer nos introducen » (ligne 3)

3. Mettre cette phrase au futur

« Cuando alcanzamos la mayoría de edad, y previo examen, nos introducen el código de la circulación » (lignes 8-9)

4. Écrire d'une autre façon la tournure soulignée

« Pero no se les deja hacer nada. » (ligne 19)

5. Traduire depuis :

« Los niños sirven para muy poca cosa… » jusqu'à « … de la que más vale no hablar. » (lignes 20-26)

CORRIGÉ

I. Compréhension du texte

1. El ver a los niños que juegan, terminada la clase, lo llena de tristeza. Para los seres de su planeta no existe la niñez. Al nacer, les incluyen en el cerebro las suficientes dotes como para pensar y actuar (dentro de lo permitido). No parecen tener infancia ni saber lo que es jugar.

2. Llegando a mayores, tienen que examinars; luego les insertan leyes y normas como el código de la circulación, las ordenanzas municipales o sentencias del tribunal constitucional. O sea que después del examen, llega el momento de saber sus derechos y deberes ante todo.

3. En cuanto a los humanos, tres fases jalonan su vida: la niñez, la madurez o edad adulta y la vejez; los niños acatan órdenes; los adultos cobran por hacer lo mismo; también los jubilados pero ya no sirven para mucho. Antaño trabajaban en las minas los niños, hoy día gesticulan y chillan de modo absurdo en la tele. Por fin el extraterrestre observa que existe una cuarta etapa que es la de cadáver, o sea la muerte y añade que él también corre la misma suerte.

II. Expression personnelle

1. Al ver a los niños que juegan, el extraterrestre comprueba que él no ha tenido infancia. Parece no saber nada de lo divertida, de lo lúdica que puede ser la vida en algunas ocasiones, sobre todo cuando niño. En su planeta, a lo mejor, no existen los juegos, tampoco la despreocupación de la niñez ya que los recién nacidos reciben en seguida una « dosis necesaria (y autorizada) de sabiduría, inteligencia y experiencia ». No se le da al niño la oportunidad de descubrir por sí solo la vida. Su formación resulta pasiva. De manera general, a juzgar por la palabra « autorizada », no se les dará a los habitantes el permiso de hacer muchas cosas por sí solos. La repetición de « nos introducen » nos da a pensar que no actúan con libertad ya que todo está codificado de antemano. Además, el otro momento importante de su formación consiste en recibir los reglamentos, o sea lo que funda el orden que rige en la sociedad. El poder del dinero reina también en esta sociedad ya que « pagando un suplemento » se les puede inyectar « una enciclopedia, un atlas, un calendario perpetuo, un número indefinido de recetas de cocina ». Esta enumeración deja entrever que no todos pueden alcanzar el saber de la enciclopedia, no todos pueden descubrir otros lugares geográficos gracias a un atlas. Los que gobiernan este planeta no quieren que los ciudadanos sepan demasiado, prefieren que sus súbditos se conformen con la « dosis » autorizada. Resulta sabroso el detalle de las recetas que evidencia que el pecado de gula viene a ser la exclusiva de unos pocos.

Todo aquello muestra de manera patente las limitaciones que se ponen en la formación del individuo en una sociedad carente tanto de libertades colectivas como individuales. La afición a lo uniforme, el gusto por la falta de personalidad y la normalización de las conductas remiten a los regímenes dictatoriales. Asimismo, aquellos seres que ni se complican la vida, ni complican « la de los demás », parecen carecer de sentimientos verdaderos. El que se muestren ajenos por completo a la vida de los demás podría revelar una falta de comunicación o la imposibilidad de comunicar. La expresión « nuestro amado planeta » aparece un poco como una formulación aprendida de memoria y no deja de resultar algo paradójico el que el extraterrestre, ora experimente tristeza, ora se exprese con una « dosis » de gracia .

2. Primero aparecen los niños como seres despreocupados que se juntan en pandillas y que sólo piensan en jugar « al aro, al diábolo y a la gallinita ciega ». No hay lugar para el aburrimiento. La alegría parece caracterizar su vida llena de animación y de diversión. Esto es lo que entristece al extraterrestre que explica que en su planeta no existe aquel período en que el ser puede sentirse más ligero, sin tener que tomarlo todo en serio. Pero luego la visión que se nos da de la niñez pierde un poco su encanto. « Los niños hacen lo que se les manda » comenta el narrador. Esta frase revela que no tienen la libertad de actuar como quieran. No pueden salirse de su marco.

Después, insiste en lo inútiles que son los niños cuando declara que « sirven para muy poca cosa ». No se les reconoce ninguna función social interesante. De manera lógica el narrador viene a evocar los tiempos en que los niños trabajaban en las minas. Desempeñaban entonces un papel provechoso para la sociedad mientras que el narrador los describe ahora como payasos o peleles. El autor quiere denunciar el cambio intervenido en la manera de criar a los niños. Si el trabajo en las minas era algo demasiado duro para un niño, parece pensar que ahora se los mima con programas de televisión que los dejan atontados. Ni que decir tiene que se ha pasado de un extremo a otro. El autor no puede menos que subrayar lo absurdo de esta evolución en las costumbres.

Mediante el enfoque, algo caricaturesco, de un extraterrestre que ve de cierta forma la vida en la tierra, el autor evoca la condición del ser humano en la sociedad actual. Se vale de la ciencia ficción (como Orwell con *1984*) a la vez que entronca con una tradición literaria que se vale de protagonistas extranjeros para brindarnos una sátira social (como lo hizo Montesquieu con *Les Lettres persanes*).

3. El juego me parece una necesidad vital en el desarrollo de la persona humana. La tristeza del extraterrestre se justifica totalmente puesto que sin la dimensión lúdica el ser humano no puede alcanzar su plenitud. El juego le permite al niño desarrollar sus capacidades al tiempo que descubre el mundo que lo rodea. Por eso tiene cada vez más importancia en la pedagogía. Permite tanto revelar las inclinaciones esenciales del niño como poner de manifiesto las dificultades psicológicas. Es una actividad característica de la vida sensorial. Al jugar, el niño despierta su interés por los objetos del mundo exterior. A través del juego, el pequeño ser humano orienta su actividad, su sensibilidad, su inteligencia. No sólo hace intervenir el cuerpo sino también el entendimiento. Se familiariza con el espacio, con la vida social al compartir sus juegos con los demás. Ejerce su libertad, su habilidad, su imaginación y encuentra los límites de su acción o se topa con las reglas.

El juego, además de ser un recreo, puede ser una actividad creadora en que se descubre el placer y por eso a menudo se ha comparado el juego con el arte. Cabría evocar también la importancia de la risa en las actividades lúdicas. Resulta, pues, que el juego es fundamental y necesario en la formación de la persona humana.

III. Compétence linguistique

1. Le da tristeza al extraterrestre el saber que los humanos tienen una infancia.
2. Cuando nacemos, nos introducen…
3. Cuando alcancemos la mayoría de edad, y previo examen, nos introducirán el código de la circulación.
4. Pero nada se les deja hacer.
5. Les enfants ne servent pas à grand-chose. Autrefois, on les utilisait dans les mines pour extraire le charbon, mais le progrès a réduit à néant cette fonction. Aujourd'hui ils passent à la télévision, en milieu d'après-midi, sautant, vociférant, parlant un jargon absurde. Chez les êtres humains, comme chez nous, on observe également une quatrième étape ou condition, non rétribuée, qui est celle de macchabée, et dont il vaut mieux ne pas parler.

RAPPELS GRAMMATICAUX

◆ L'INFINITIF SUBSTANTIVÉ

L'infinitif substantivé (précédé d'un déterminant), très largement usité, signifie « le fait de… », « la façon de… ». Il permet d'évoquer l'action d'une façon plus vivante.

Me gusta **el reír** de los payasos.	J'aime la façon de rire des clowns.
El engañar a los niños es un error.	Le fait de tromper les enfants est une erreur.
Es **un hablar**.	C'est une façon de parler.
No me gusta **tu andar**.	Je n'aime pas ta façon de marcher.
Aquel llorar me conmovía.	Cette façon de pleurer m'émouvait.

• Remarques :

– L'infinitif substantivé n'admet pas de pluriel.

– Quelques infinitifs sont passés définitivement dans la catégorie des noms et peuvent donc prendre la marque du pluriel : **el ser/los seres** (*les êtres*), **el poder/los poderes** (*les pouvoirs*), **el deber/los deberes** (*les devoirs*), **el parecer/los pareceres** (*les avis*), **el placer/los placeres** (*les plaisirs*), etc.

Exercice complémentaire I

Remplacer le nom en italiques par un infinitif substantivé

1. Me miró con *una sonrisa* triste.
2. Oía *su grito* de loco.
3. *El canto* de los pájaros me ha despertado.
4. Tiene *una mirada* que me hechiza.
5. Aquí te dan *la comida* y *la bebida*.

◆ La simultanéité

1) **Al** + infinitif
Cette tournure rend compte de la simultanéité, du moment précis où s'exécute une action.

Al verme, echó a correr. .... *Quand il me vit, il se mit à courir.*
Al acercarme, retrocedió. .... *Comme je m'approchais, il recula.*

2) **Cuando** = *quand*
Cuando me oyó, se volvió. .... *Quand il m'entendit, il se retourna.*

3) Gérondif
Placé à côté d'un verbe, il exprime la manière, en plus de la simultanéité.
Me lo dijo **sonriendo**. .... *Il me le dit en souriant.*

Exercice complémentaire II

Remplacer la tournure en italiques par une tournure exprimant la simultanéité

1. *Cuando apuntó* el día, se puso en marcha.
2. Se rió *al mirarme* de reojo.
3. *Al oír* el timbre, fui corriendo a abrirle.
4. Se lo mostró *al levantarme*.
5. *Cuando nos enteramos* de la verdad, nos quedamos pasmados.

◆ Traduction de « celui de »

Attention : cette tournure exige l'emploi de l'article.

El de = *celui de*   **La de** = *celle de*
Los de = *ceux de*   **Las de** = *celles de*

Tu situación es mejor que **la de** mi marido. .... *Ta situation est meilleure que celle de mon mari.*
El vino de España es bueno pero mejor es **el de** Francia. .... *Le vin d'Espagne est bon mais celui de France est meilleur.*

• Remarque : **Lo de** = *cette histoire de..., cette affaire de...*
¿Te habló de **lo del** dinero? .... *Il t'a parlé de cette histoire d'argent ?*

Exercice complémentaire III

Compléter avec l'article adéquat

1. Esta camisa te sienta bien pero prefiero ... de cuadros.
2. Son caros los coches y carísimos ... de lujo.
3. Es tan difícil practicar el arte de cantar como ... de bailar.
4. Le contaba ... del banco.
5. Las madres de ahora regañan menos que ... de antes.

VOCABULAIRE THÉMATIQUE
I. EL SER HUMANO / EL CURSO DE LA VIDA

el género humano; la humanidad	*le genre humain ; l'humanité*
un ser viviente	*un être vivant*
estar vivo, a; estar en vida	*être vivant ; être en vie*
ser vivo	*être vif, alerte*
mientras yo viva	*tant que je vivrai*
dar a luz	*mettre au monde, donner le jour*
estar embarazada	*être enceinte*
nacer; el nacimiento; el parto	*naître ; la naissance ; l'accouchement*
el nene, el bebé; de poca edad	*le bébé ; en bas âge*
el bebé probeta	*le bébé éprouvette*
el genetista; la genética	*le généticien ; la génétique*
la ecografía	*l'échographie*
los padres	*les parents (père et mère)*
los parientes	*les parents (membres de la famille)*
paterno, a; materno, a	*paternel ; maternel*
Es el vivo retrato de su padre.	*C'est tout le portrait de son père.*
estar cortado por la misma tijera	*sortir du même moule*
criar a los hijos	*élever les enfants*
los niños en edad escolar	*les enfants d'âge scolaire*
la adolescencia; un adolescente	*l'adolescence ; un adolescent*
el chico, el muchacho, el mozo	*le jeune garçon*
la edad del pavo	*l'âge ingrat*
Tendrá unos quince años.	*Il doit avoir environ quinze ans.*
ser menor (≠ mayor) de edad	*être mineur (≠ majeur)*
Está ya hecho un hombre.	*Il n'est plus un enfant.*
portarse como un hombre	*agir comme un homme*
hacer la mili	*faire le service militaire*
la objeción de conciencia	*l'objection de conscience*
ser soltero; un soltero empedernido	*être célibataire ; un célibataire endurci*
el novio, la novia; la boda	*le fiancé, la fiancée ; la noce*
estar enamorado; enamorarse	*être amoureux ; tomber amoureux*
ligar; los amoríos o los ligues	*draguer ; les amourettes*
estar casado; casarse	*être marié ; se marier*
el matrimonio	*1. le mariage 2. le couple*
los cónyuges; la pareja	*les conjoints ; le couple*
divorciarse; el divorcio	*divorcer ; le divorce*
la madurez; la edad adulta	*la maturité ; l'âge adulte*
un hombre de edad madura	*un homme d'âge mûr*
Va para los treinta.	*Il va sur ses trente ans.*
entrado en años	*d'un âge avancé*
una persona de edad, un anciano	*une personne âgée*

llegar a viejo; envejecer	*devenir vieux ; vieillir*
ser viejo; estar viejo	*être vieux ; se faire vieux*
ser un viejo chocho; chochear	*être un vieux gâteux ; radoter*
ser un carcamal	*être un vieux croulant*
jubilarse; los jubilados	*prendre sa retraite ; les retraités*
la esquela de defunción; el entierro	*le faire-part de décès ; l'enterrement*
dar el pésame; estar de luto	*faire ses condoléances ; être en deuil*
ser viudo, a; quedar huérfano	*être veuf ; être orphelin*
el muerto, la muerta	*le mort, la morte*
el último estertor; la muerte	*le dernier râle ; la mort*
estar en el artículo de la muerte	*être à l'article de la mort*
pasar de vida a muerte	*passer de vie à trépas*
morir de muerte natural	*mourir de sa belle mort*
caerse muerto	*tomber raide mort*
en vida de su padre	*du vivant de son père*
a lo largo de su vida	*tout au long de sa vie*
En esto nos va la vida.	*Il y va de notre vie.*
nunca jamás	*jamais de la vie*

▷ 10 phrases à retenir

1. El año que viene, cumplo los veinte. — *J'ai vingt ans l'année prochaine.*
2. Con sus pocos años, entiende perfectamente lo que ocurre. — *Malgré son jeune âge, il comprend parfaitement ce qui se passe.*
3. Es un aguafiestas y le amarga la vida a su mujer. — *C'est un rabat-joie et il empoisonne la vie de sa femme.*
4. De tanto reñir, acabarán por divorciarse. — *À force de se disputer, ils vont finir par divorcer.*
5. Mi vida, no quiero malograrla. — *Ma vie, je ne veux pas la gâcher.*
6. Hay que disfrutar de la vida lo más posible. — *Il faut profiter de la vie autant qu'on peut.*
7. Uno puede envejecer sin convertirse por ello en un carroza. — *On peut vieillir sans pour autant devenir ringard.*
8. ¡Ojalá no me ponga a chochear al llegar a viejo! — *Pourvu qu'en vieillissant je ne tombe pas dans le gâtisme !*
9. Su vida está pendiente de un hilo. — *Sa vie ne tient plus qu'à un fil.*
10. Mientras hay vida, hay esperanza. — *Tant qu'il y a de la vie, il y a de l'espoir.*

VOCABULAIRE THÉMATIQUE
II. LA ORGANIZACIÓN DE LA SOCIEDAD / LA POLÍTICA

el ciudadano	*1. le citoyen 2. le citadin*
gobernar (ie); el gobierno	*gouverner ; le gouvernement*
el Estado	*l'État*
estar en el poder; hacerse con el poder	*être au pouvoir ; prendre le pouvoir*

un régimen democrático	un régime démocratique
los regímenes dictatoriales	les régimes dictatoriaux
la potencia; los pudientes	la puissance ; les puissants
la impotencia; impotente	l'impuissance ; impuissant
detentar un poder	detenir un pouvoir
llevar las riendas	tenir les rênes
hacer y deshacer	faire la pluie et le beau temps
en las altas esferas	en haut lieu
la administración; un alto funcionario	l'administration ; un haut fonctionnaire
los ministros; los impuestos	les ministres ; les impôts
las Cortes, el Parlamento, la Asamblea	le Parlement, l'Assemblée
La monarquía parlamentaria	La monarchie parlementaire
los diputados; los escaños	les députés ; les sièges
las elecciones; votar por, a	les élections ; voter pour
un sondeo, una encuesta	un sondage
los votos a favor ≠ en contra	les voix pour ≠ contre
la votación secreta	le vote à bulletins secrets
ejercer su derecho al voto	exercer son droit de vote
estar en contra de	être contre
el tablero político	l'échiquier politique
los partidos políticos en liza	les partis politiques en lice
la Comunidad Autónoma	la Communauté Autonome (Région)
el separatismo; los separatistas	le séparatisme ; les séparatistes
el terrorismo; los terroristas	le terrorisme ; les terroristes
el ayuntamiento; el alcalde	la mairie ; le maire
el código vigente	le code en vigueur
Este reglamento rige (regir).	Ce règlement est en vigueur.
entrar en vigor, tomar vigencia	entrer en vigueur
respetar las leyes	respecter les lois
refrendar una ley	approuver, ratifier une loi
infringir la ley	enfreindre la loi
estar fuera de la ley	être hors-la-loi
en el ámbito de la ley	dans le cadre de la loi
un estado de derecho	un état de droit
la igualdad ante la ley	l'égalité devant la loi
dictar la ley	faire la loi
dictaminar su propia ley	imposer sa loi
no temer ni a Dios ni al Diablo	n'avoir ni foi ni loi
transgredir; una transgresión	transgresser ; une transgression
el orden público	l'ordre public
provocar disturbios	provoquer des troubles
el juez; juzgar; el proceso o pleito	le juge ; juger ; le procès
el abogado; defender (ie)	l'avocat ; défendre
testimoniar; el testigo; la coartada	témoigner ; le témoin ; l'alibi
un juicio inapelable	un jugement sans appel
poner en tela de juicio	remettre en question

un alegato a favor de	un plaidoyer en faveur de
abogar por la democracia	plaider pour la démocratie
fiarse de, tener fe en	se fier à, avoir confiance en
no fiarse de, recelar de	se méfier de
derrochar promesas	abreuver de promesses
el tráfico de influencias	le trafic d'influence
untar; el soborno	graisser la patte ; le pot-de-vin
el cohecho; corrupto, a	la corruption ; corrompu
mangonear; manipular	manigancer ; manipuler
las chapuzas; los chanchullos(fam)	les magouilles ; les affaires louches
coaccionar; una coacción	exercer une pression ; une contrainte
estar a merced de	être à la merci de
cambiar de camisa	retourner sa veste
tener escrúpulos	avoir des scrupules
honrado, a ≠ ímprobo, a	honnête ≠ malhonnête
escudarse en	se retrancher derrière, s'abriter

▷ **10 phrases à retenir**

1. Habría que someter esta ley al refrendo popular. — *Il faudrait soumettre cette loi à l'approbation populaire.*
2. Cuando entró el ministro, lo abucheó el público. — *Quand le ministre entra, il fut conspué par le public.*
3. Resulta sumamente difícil el arte de gobernar. — *Gouverner est un art extrêmement difficile.*
4. El terrorismo es una plaga para la sociedad española. — *Le terrorisme est un fléau pour la société espagnole.*
5. Consiguió el apoyo de la mayoría de los ciudadanos. — *Il a obtenu l'appui de la majorité des citoyens.*
6. La ley está para que se cumpla. — *La loi est faite pour être respectée.*
7. No hay que dejarse embaucar por su demagogia. — *Il ne faut pas se laisser leurrer par sa démagogie.*
8. Estos discursos no hacen mella en mí. — *Ces discours n'ont aucun effet sur moi.*
9. Los hechos de sociedad revelan el cambio de mentalidades. — *Les faits de société révèlent le changement des mentalités.*
10. Es un pez gordo y tiene mucha influencia. — *C'est un gros bonnet et il a le bras long.*

▷ *Temas para el comentario o el debate*

1. La ciencia ficción y la crítica social o política.
2. La condición humana.
3. La evolución en la educación de los niños. (Cf. Voc. I Sujet 14)
4. Los jubilados en la sociedad.
5. Formas de endoctrinamiento.

L LV2, ES, S, STT   SUJET 13

¿Vender la casa de mis padres? ¡Nunca jamás!

(El narrador, Julio Méndez, y su esposa, Gloria, son chilenos que se exiliaron después del golpe del general Pinochet, en septiembre de 1973. Llevan siete años viviendo en Sitges, estación playera española, cerca de Barcelona.)

La noche de esta conversación es negra: mi hermano Sebastián llama por teléfono desde Santiago (de Chile) para anunciarme que ofrecen una suma de dinero inesperadamente alta por la casa de mis padres, la que, naturalmente, después de la muerte de mi madre, puso en venta. La suma que ofrecen es
5 sustanciosa, me asegura Sebastián. Yo grito que no, no, no, no, por ningún motivo, está loco al ofrecer en venta la casa de mis padres dejándome en la intemperie. ¿No es él quien no cesa de repetirme que vuelva, que las cosas no son como antes, que no voy a tener problemas, que los asuntos con la universidad se pueden arreglar? ¿Adónde, si se vende la casa, quiere que
10 vuelva? Uno no vuelve a un país, a una raza, a una idea, a un pueblo: uno – yo por lo pronto – vuelve a un lugar cerrado y limitado donde el corazón se siente seguro. Cuando yo era muy pequeño, casi no había más casas que la nuestra por esos contornos, uno de los primeros chalets, como entonces se decía, la calzada de tierra rodeada de potreros [1] donde pastaban las vacas.
15 Recuerdo que en brazos de mi madre, siendo muy, muy pequeño, me llevaba a comprar leche al pie de la vaca para dármela de beber a mí, que era debilucho, no como Sebastián, que era fuerte y nunca requirió cuidados especiales.

(…) Gloria me ve exánime [2] sobre el sofá, pálido, porque van a vender la
20 casa de mis padres y yo no quiero.

– ¿Cuánto pagan?

Digo la cifra. Entonces es ella la que grita:

– ¿Estás loco? ¿Cómo no la van a vender? ¿Te imaginas lo que puede significar para nosotros la mitad de esa herencia? La tranquilidad económica. Te
25 imaginas…, yo podría instalar una boutique en Sitges, donde, digan lo que digan, el comercio es bueno, de artesanía, por ejemplo, que cuesta poco y da bastante, y con eso lograríamos desprendernos [3] de la pesadilla [4] de las traducciones y correcciones de estilo, y tú podrías tener tranquilidad para escribir mientras yo vendo en la tienda. Soy buena vendedora y tengo gusto,
30 podría asociarme con Cacho Moyano, que una vez me lo propuso…, estás completamente loco, no vender Roma [5].

No es locura, insisto, es otra cosa. ¿No entiende ella? ¿No siente el sacrilegio de los árboles talados (6) para hacerle lugar a un respetable edificio de extraños ocupando el terreno de nuestra historia?

José DONOSO, *El Jardín de al lado.* (1981)

(1) un potrero : *un pâturage.*
(2) exánime : inanimado.
(3) desprenderse de : librarse de.
(4) la pesadilla : el sueño angustioso.
(5) Roma : nombre de la casa.
(6) talar : cortar (los árboles).

I. Compréhension du texte (STT : 1 et 2 uniquement)

1. ¿Qué le propone Sebastián a su hermano Julio? ¿Cómo reacciona éste?
2. ¿Qué viene a representar esta casa para Julio?
3. ¿Cómo reacciona Gloria, su mujer?

II. Expression personnelle (STT, 1 et 2 uniquement)

1. Apoyándose en el texto, defina usted los rasgos esenciales de la personalidad de Julio Méndez.
2. ¿Qué opina usted de los argumentos aducidos por la esposa del narrador?
3. El texto evoca a una pareja de exiliados políticos; ¿Cómo enfrentan su situación?

III. Compétence linguistique (L LV2, ES, S)

1. Transcrire la phrase suivante au style indirect en commençant par : Yo le pregunté...

« ¿Adónde, si se vende la casa, quiere que vuelva? » (lignes 9-10)

2. Mettre au passé

« ¿No es él quien no cesa de repetirme que vuelva, que las cosas no son como antes, que no voy a tener problemas, que los asuntos con la universidad se pueden arreglar? » (lignes 7-9)

3. Compléter, en respectant le sens du texte, la phrase suivante

Ella me dijo : tú podrás tener tranquilidad cuando... (Cf. lignes 28-29)

4. Réutiliser une structure similaire dans une nouvelle phrase personnelle qui respectera l'esprit du texte

« Es *ella la que* grita. » (ligne 22)

5. Traduire le passage suivant

« ¿Adónde, si se vende la casa, quiere que vuelva? Uno no vuelve a un país, a una raza, a una idea, a un pueblo : uno – yo por lo pronto – vuelve a un lugar cerrado y limitado donde el corazón se siente seguro. » (lignes 9-12)

III. Traduction (STT)

cf. **5** ci-dessus

I. Compréhension du texte

1. Sebastián le telefonea desde Chile para proponerle que vendan la casa de sus padres. Le han ofrecido un dineral pero Julio rechaza la propuesta y se enfada.

2. Julio le tiene apego a la casa de sus padres porque ahí transcurrió su niñez. La casa viene a representar su pasado, sus raíces. Le recuerda el cariño de su madre. Además, si vuelve a Chile, como se lo aconseja su hermano, quiere regresar a esta casa. Se pregunta adónde va a volver si se ha vendido la casa. No puede concebir un regreso a su país que no sea una vuelta a su casa. Por eso, antes que ceder al afán de lucro, prefiere resistirse a sacar provecho de algo que se le antoja sagrado.

3. La primera pregunta de Gloria muestra que le interesa saber ante todo la cantidad de dinero que proponen por la casa. Al enterarse de la suma se pone furiosa, « grita », ya que no entiende las vacilaciones de su marido a quien tilda de « loco », repetidas veces. Reacciona viva y enérgicamente. Se acalora soltando en una frase muy larga una serie de propuestas concretas.

II. Expression personnelle

1. Por lo visto, el narrador es un hombre muy sensible ya que le choca bastante la propuesta de su hermano de vender el patrimonio familiar. El que califique la conversación de « negra » revela que lo toma muy a mal. Su primera reacción es muy viva; grita, se enfada. Tanto la acumulación de negaciones como la de las formas exclamativas recalcan el estado de ánimo en el que se encuentra. Su confusión y trastorno revelan lo impulsivo y emotivo que es. Le afecta tanto el asunto que pasa de la cólera al abatimiento como lo subrayan los adjetivos « exánime », « pálido ».

Estas actitudes que traducen su indignación revelan otros rasgos de su personalidad. En efecto, es un hombre sentimental como lo refleja el detalle de la madre que lo « llevaba a comprar leche al pie de la vaca ». Al mostrarse firme y resuelto en su negativa (« yo no quiero ») aparece como un hombre fiel a ciertos valores. Su integridad le lleva a pensar que resultaría sacrílego dejar la casa familiar en manos de unos promotores que talarían los árboles.

Otro aspecto de la personalidad de Julio Méndez que puede llamar la atención es la necesidad de una protección, el deseo de seguridad que se traslucen en la frase « un lugar cerrado y limitado donde el corazón se siente seguro ». No es de extrañar ya que su complexión enclenque siempre lo empujó a buscar el cariño materno y esto puede explicar su posesividad (« la casa de mis padres », « en brazos de mi madre », « dármela de beber a mí ») a la vez que el rencor que le guarda a su hermano, por ser más fuerte que él. La existencia de cierta fragilidad no impide que sepa manifestar su voluntad y determinación.

2. Los argumentos que aduce Gloria ponen de manifiesto su voluntad de convencer. El enunciar en seguida las ventajas de esta herencia que les permitiría salir de apuros revela su sentido práctico. Sin embargo cabe precisar que su preocupación no es enriquecerse sino desprenderse de la « pesadilla de las traducciones ». Lo que desea, más allá de la « tranquilidad económica », es hacer algo que les guste a los dos.

A primera vista, podríamos considerar a Gloria como a una mujer que tiene interés en el dinero o los bienes materiales, pero hay que matizar este juicio ya que, en realidad, su intención es crear las mejores condiciones para que su marido pueda « tener tranquilidad para escribir » a la vez que ella estaría a gusto vendiendo en una tienda de artesanía. Sin embargo, lo que está en juego es la alternativa entre mejorar su situación y preservar el patrimonio familiar. Elección difícil ya que, por válidos que sean los argumentos de la mujer, para el marido, vender la casa sería la negación de sus raíces. Gloria no parece tan apegada a la dimensión afectiva del recuerdo, le importa más el presente y mira hacia adelante, como lo traduce su voluntad de llevar a cabo un proyecto concreto.

3. El texto evoca la situación de una pareja de exiliados políticos. Viven alejados de su patria chica, de su familia y sus amigos, por lo tanto tienen que acostumbrarse a cierta soledad y adaptarse a un nuevo país con otros modos de vida, otra cultura. Suele planteárseles a los exiliados el problema de la lengua pero este matrimonio salvó el obstáculo ya que vive en España. Gloria y Julio, como muchos, viven en la precariedad : « las traducciones y correcciones de estilo » les ofrecen sus únicos recursos, lo que no corresponde a su cualificación. Frente a las dificultades que arrostran, los dos esposos no reaccionan del mismo modo.

No deja de ser interesante la discrepancia entre ambos ya que revela visiones distintas frente a la situación del exiliado. Gloria parece ser de los que intentan integrarse en el nuevo país, no vacila en arriesgarse a montar una boutique como si se sintiera instalada de manera definitiva en España, sin por eso olvidar del todo su pasado. En cambio, Julio quiere mantener muy vivos los lazos con su país de origen y se niega a hacer borrón y cuenta nueva, a empezar otra vida, por lo tanto no intenta integrarse en el país de adopción. Su memoria es como una traba que le impide idear proyectos de larga duración en un país que no es suyo. Prefiere considerar su presencia en España como una estancia provisional. Su anhelo de volver permanece vivo. Con el alejamiento y andando el tiempo se ensancha su visión idealizada del pasado, fenómeno harto frecuente entre los exiliados. A veces, cuando vuelven, les cuesta adaptarse a un país que ha cambiado durante su larga ausencia. Se dio el caso para muchos chilenos que regresaron después de la dictadura de Pinochet que duró más de quince años.

III. Compétence linguistique (L LV2, ES, S)

1. Yo le pregunté adónde, si se vendía la casa, quería que volviera.
2. ¿No era él quién no cesaba de repetirme que volviera, que las cosas no eran como antes, que no iba a tener problemas, que los asuntos con la universidad se podían arreglar?
3. Ella me dijo : tú podrás tener tranquilidad cuando ya no tengas que traducir libros.
4. Fue mi hermano el que decidió vender la casa.
5. Où veut-il que je revienne, si l'on vend la maison ? On ne revient pas à un pays, à une race, à une idée, à un peuple : on revient – moi en l'occurrence – à un lieu clos et limité où le coeur se sent en sécurité.

III. Traduction (STT)

cf. 5 ci-dessus

RAPPELS GRAMMATICAUX

◆ Tournure emphatique : « c'est... qui »

1) Personnes : **ser** + nom / pronom + **quien / quienes**

Es Gloria **quien** lo dice. .... *C'est Gloria qui le dit.*
Soy yo **quien** decido. .... *C'est moi qui décide.*

2) Personnes et choses : **ser** + nom / pronom + **el que / los que, la que / las que**

Es el dinero **el que** nos permite vivir. .... *C'est l'argent qui nous permet de vivre.*
Fue mi hermano **el que** me lo contó. .... *C'est mon frère qui me l'a raconté.*

Attention : ne pas oublier la concordance des temps.

Exercice complémentaire I

Employer la tournure emphatique en transformant les phrases suivantes

1. Mi madre me lo dijo.
2. Tú te vas el primero.
3. El viento había abierto la ventana.
4. Mis amigos me hablaron de este país.
5. Su llamada telefónica me ha sorprendido.

◆ Verbes à diphtongue : E > IE / O > UE

La voyelle du radical de certains verbes diphtongue (ex : cerrar)

Présent de l'indicatif :	cierro, cierras, cierra, cierran (1ère, 2ème et 3ème pers du sing et 3ème pers du plur)
Présent du subjonctif :	cierre, cierres, cierre, cierren (1ère, 2ème et 3ème pers du sing et 3ème pers du plur)
Impératif :	cierra, cierre, cierren (2ème et 3ème pers du sing et 3ème pers du plur).

El profesor muestra el mapa de Chile. .... *Le professeur montre la carte du Chili.*
¡Empiece usted! .... *Commencez !*

Exercice complémentaire II

Mettre les verbes entre parenthèses à la forme voulue

1. Su mujer se lo dice para que él (sentirse) más tranquilo.
2. Quiere que nosotros (entender) su dilema.
3. ¡(volver) usted a España cuando quiera!
4. ¡(contarme) vuestro viaje!
5. Esto, hoy día, no (costar) mucho dinero

◆ TRADUCTION DE « ON »

1) Le sujet est totalement indéfini : **SE + verbe à la 3ème pers du sing ou du plur.**

Se vende la casa. .... *On vend la maison.*
Como entonces se decía. .... *Comme on disait alors.*
Se talan los árboles. .... *On coupe les arbres.*

Mais si le c.o.d. désigne des personnes déterminées, il est précédé de la préposition **a** et le verbe est alors au singulier :

Se acoge **a** los chilenos. .... *On accueille les chiliens.*

Attention : pour éviter la répétition de « se » dans le cas des verbes pronominaux et des verbes de tournure affective, on utilise **uno**.

Uno se contenta con poco cuando .... *On se contente de peu quand*
es pobre.   *on est pauvre.*
A **uno** le gusta dormir cuando está cansado. .... *On aime dormir quand on est fatigué.*

2) « On » signifie les autres ou quelqu'un d'autre : **verbe à la 3ème pers du plur.**

Dan una película del oeste en el cine .... *On passe un western au cinéma.*
Digan lo que **digan**. .... *On dira ce qu'on voudra.*

3) « On » signifie nous : **verbe à la 1ère pers du plur.**

Preguntaremos por él. .... *On demandera de ses nouvelles.*

4) « On » renvoie au locuteur ou à l'interlocuteur : **Uno, a.**

¿No puede **uno** estar tranquilo? .... *On ne peut pas être tranquille ?*
Una nunca puede descansar. .... *On ne peut jamais se reposer.*
(si le locuteur est une femme)

Exercice complémentaire III
Remplacer la structure en italique par une autre équivalente signifiant « on »

1. *La gente dice* que es un lugar aburrido.
2. Aquí *es posible* hablar español.
3. Si queremos integrarnos, *es necesario* aprender el idioma.
4. ¿Cómo *puedo yo* saber qué decir en semejante caso?
5. Los niños *fueron invitados* también.

VOCABULAIRE THÉMATIQUE
I. LA RIQUEZA / LA POBREZA

---

un hombre adinerado	un homme fortuné
una familia acomodada	une famille aisée
estar acomodado en un sillón	être installé dans un fauteuil
la riqueza ; ser rico, a	la richesse ; être riche
los pudientes	les gens riches, fortunés
el caudal, la fortuna, la hacienda	les biens
el enriquecimiento	l'enrichissement
enriquecerse ; hacerse rico	s'enrichir ; devenir riche
un negocio redondo	une affaire en or
el afán de lucro	l'appât du gain, la course au profit
el valor mercantil	la valeur marchande
el espíritu mercantil	l'esprit mercantile
medrar	monter socialement
la pobreza ; ser pobre	la pauvreté ; être pauvre
el empobrecimiento	l'appauvrissement
empobrecer ; volverse (ue) pobre	s'appauvrir ; devenir pauvre
andar de capa caída	tirer le diable par la queue
vivir con estrechez	vivre petitement
carecer de recursos económicos	ne pas avoir beaucoup de moyens
no tener ni un cuarto	être sans le sou
no tener plata (fam)	ne pas avoir d'argent
tener apuros de dinero, pasar apuros	être dans la gêne
pedir prestado ; un préstamo	emprunter ; un emprunt
un lance, un trance	une situation critique
los baches de la vida	les moments difficiles de la vie
tener una mala racha	être dans une mauvaise passe
no tener donde caerse muerto	être sur le pavé
el poder adquisitivo	le pouvoir d'achat
los ingresos	les revenus
la supervivencia ; sobrevivir	la survie ; survivre
vivir al día	vivre au jour le jour
los ahorros ; ahorrar	les épargnes ; économiser

ahorros de chicha y nabo	*des économies de bouts de chandelle*
reparar en gastos	*regarder à la dépense*
pagar; el pago	*payer ; le paiement*
cobrar dinero	*toucher de l'argent*
el cambio	*1. le change 2. le changement*
convertir pesetas en francos	*changer des pesetas en francs*
costar (ue)	*coûter*
cuesta creer que...	*il est difficile de croire que...*
tener bastantes ahorros	*avoir assez d'économies*
tener demasiada calderilla	*avoir trop de monnaie*
pocos recursos	*peu de ressources*
barato, a ≠ caro, a	*bon marché ; cher*
Cuesta un ojo de la cara.	*Cela coûte les yeux de la tête.*
estar por las nubes	*être hors de prix*
¡Menudo precio!	*Ce n'est pas donné !*
No me alcanza para...	*Je n'ai pas assez d'argent pour...*
la deuda; tener deudas	*la dette ; être endetté*
el endeudamiento; endeudarse	*l'endettement ; s'endetter*
saldar sus deudas	*payer ses dettes*
acosado por los acreedores	*harcelé par les créanciers*
gastar un dineral	*dépenser un argent fou*
despilfarrar, derrochar	*gaspiller*
derrochar su fortuna	*dilapider sa fortune*
¡Es un derroche!	*C'est une dépense folle !*
venido a menos	*déchu*
la herencia; heredar (algo)	*l'héritage ; hériter, hériter de*
los herederos	*les héritiers*
el legado cultural	*l'héritage culturel*

▷ 10 phrases à retenir

1. Andan siempre de capa caída porque no saben ahorrar dinero.
   Ils tirent toujours le diable par la queue parce qu'ils ne savent pas faire d'économies.

2. Está forrado y tira la casa por la ventana.
   Il est plein aux as et il jette l'argent par les fenêtres.

3. En aquella época, andábamos escasos de dinero.
   À cette époque, nous étions à court d'argent.

4. Si tuviera dinero, daría la vuelta al mundo.
   Si j'avais de l'argent, je ferais le tour du monde.

5. Quien debe y paga no debe nada.
   Qui paye ses dettes s'enrichit.

6. El tiempo es oro, ¡no lo malgastes!
   Le temps, c'est de l'argent, ne le gaspille pas !

7. No te puedo devolver el dinero que me has prestado.
   Je ne peux pas te rendre l'argent que tu m'as prêté.

8. Estoy en un apuro que no te puedes imaginar.
   Tu ne peux pas imaginer dans quelle situation je me trouve.

9. Heredó una fortuna. — *Il a hérité d'une fortune.*
10. Muchos creen que el dinero es el motor del mundo. — *Beaucoup de gens pensent que l'argent est le moteur du monde.*

VOCABULAIRE THÉMATIQUE
II. LA VOLUNTAD / LA DETERMINACIÓN

la voluntad; voluntario, a	*la volonté ; volontaire*
el afán	*la détermination, l'ardeur*
estar resuelto, decidido, a	*être résolu, décidé*
estar determinado, a	*être déterminé*
decidir hacer	*décider de faire*
actuar con firmeza	*agir avec fermeté*
ser firme	*être ferme*
la tozudez	*l'entêtement*
ser testarudo terco, a	*entêté, têtu*
cabezón, ona	*cabochard*
el empeño; empeñarse en	*l'obstination ; s'obstiner à*
ser capaz de	*être capable de*
esforzarse (ue) en, por	*s'employer à, s'efforcer de*
no escatimar sus esfuerzos	*ne pas ménager ses efforts*
superar un obstáculo	*surmonter un obstacle*
aferrarse (ie) a una idea	*s'accrocher à une idée*
tener toda la razón	*avoir tout à fait raison*
llevar la razón o no	*avoir raison ou tort*
comete un error en pensar que…	*il a tort de penser que…*
mantenerse en sus trece	*ne pas en démordre*
no ceder un palmo	*ne pas céder d'un pouce*
no darse por vencido	*ne pas s'avouer vaincu*
conformarse, conformarse a	*se faire une raison, se résoudre à*
conformarse con	*se contenter de*
salirse con la suya	*arriver à ses fins*
lograr un objetivo, una meta	*atteindre un but*
para lograrlo	*pour y parvenir*
el logro de un objetivo	*la réalisation d'un objectif*
el éxito de una empresa	*la réussite d'une entreprise*
llevar a cabo un proyecto	*mener un projet à son terme*
atreverse a	*oser*
fracasar; un fracaso	*échouer ; un échec*
una decisión inquebrantable	*une décision inébranlable*
una respuesta rotunda	*une réponse catégorique*
con tono tajante	*sur un ton tranchant*
terminantemente	*de façon péremptoire, formellement*

declararse terminantemente hostil a	*se montrer totalement hostile à*
zanjar la cuestión	*trancher la question*
negarse (ie) a pagar	*refuser de payer*
rechazar una propuesta	*refuser une proposition*
recibir una negativa	*essuyer un refus*
rebatir un argumento	*réfuter un argument*
llevar la contraria	*contredire*
prohibir	*interdire*
imponer su punto de vista	*imposer son point de vue*
no estar en absoluto de acuerdo con…	*ne pas être du tout d'accord avec*
creer a pies juntillas en	*croire dur comme fer à*
¡Ni hablar!, ¡Eso sí que no!	*Pas question !*
¡nada de…!	*pas question de… !*
de ningún modo	*en aucune façon*
No repara en nada.	*Il ne recule devant rien.*
no andarse con reparos	*ne s'embarrasser de rien*
no vacilar en	*ne pas hésiter à*
estar seguro de	*être sûr de*
dudar; una duda	*douter ; un doute*
No lo dudo.	*Je n'en doute pas.*
sin lugar a dudas	*sans aucun doute*
no cabe duda alguna de que…	*il ne fait aucun doute que…*

▷ 10 phrases à retenir

1. No hay quien le saque esta idea de la cabeza. — *Personne ne peut lui ôter cette idée de la tête.*
2. Es más terco que una mula. — *Il est têtu comme une mule.*
3. Se niega rotundamente a discutir. — *Il refuse catégoriquement de discuter.*
4. Hago lo posible para lograrlo. — *Je fais mon possible pour y parvenir.*
5. Por más que se lo explico, se mantiene en sus trece. — *J'ai beau le lui expliquer, il n'en démord pas.*
6. Quiere salir adelante, cueste lo que cueste. — *Il veut s'en sortir, coûte que coûte.*
7. ¡Ni hablar! No quiero que te vayas con él. — *Pas question ! Je ne veux pas que tu partes avec lui.*
8. Aunque no tenga razón, nunca quiere admitirlo. — *Même s'il a tort, il ne veut jamais l'admettre.*
9. Usted se empeña en llevarme la contraria. — *Vous vous obstinez à me contredire.*
10. Estoy seguro de que no es capaz. — *Je suis sûr qu'il n'en est pas capable.*

▷ *Temas para el comentario o el debate*

1. ¿Será un problema la diferencia de personalidad en la pareja?
2. La importancia de los lazos familiares.
3. Desarraigo y nostalgia del que ha dejado su país. (Cf. Voc I Sujet 11)

SUJET 14

L LV1, L LV2, ES, S, STT

LA BICICLETA

Las nubes sombrías nublaron mi vista cuando oí la voz llena de mi padre a mis espaldas:
— Has de hacerlo tú solo. Si no, no aprenderás nunca. Cuando sientas hambre sube a comer.

5 Y allí me dejó solo, entre el cielo y la tierra, con la conciencia clara de que no podía estar dándole vueltas al jardín eternamente, de que en uno u otro momento tendría que apearme[1]; es más, con el convencimiento[2] de que en el momento en que lo intentara me iría al suelo. En las enramadas[3] se oían los gorjeos de los gorriones[4] y los silbidos de los mirlos como una burla, mas yo
10 seguía pedaleando como un autómata, bordeando la línea de la tapia[5]. (…)
¿Cuántas vueltas daría? ¿Cien? ¿Doscientas? Es imposible calcularlas pero yo sabía que ya era por la tarde. Oía jugar a mis hermanos en el patio delantero, la voz de mi madre preguntando por mí, la de mi padre tranquilizándola y persuadido de que únicamente la preocupación de mi madre hubiera podido
15 salvarme, fui adquiriendo conciencia de que no quedaba otro remedio que apearme sin ayuda, de que nadie iba a mover un dedo para facilitarme las cosas; incluso tuve un anticipo[6] de lo que había de ser la lucha por la vida en el sentido de que nunca me ayudaría nadie a bajar de la bicicleta, de que en éste como en otros apuros[7] tendría que ingeniármelas[8] por mí mismo.
20 Movido por este convencimiento, pensé que el lugar más adecuado para el aterrizaje era el cenador[9]. Debería llegar hasta él muy despacio, frenar junto a la mesa de piedra, afianzar[10] la mano en su superficie y, una vez seguro, levantar la pierna y apearme. Pero el miedo suele anteponerse a la previsión y, a la vuelta siguiente, cuando frené e intenté sostenerme a la mesa, la bicicleta
25 se inclinó del lado opuesto, y yo me vi obligado a dar una pedalada rápida para reanudar la marcha.

Luego, cada vez que decidía detenerme, me asaltaba el temor de caerme y así seguí dando vueltas incansablemente hasta que el sol se puso y ya, sin pensármelo dos veces, arremetí[11] contra un seto de boj[12], la rueda delantera
30 se enrayó con las ramas y yo me apeé tranquilamente. Mi padre ya venía a buscarme.
— ¿Qué?
— Bien.
— ¿Te has bajado tú solo?
35 — Claro.
Me dio en el pestorejo[13] una palmada[14] cariñosa.
— Anda, di a tu madre que te dé algo de comer. Te lo has ganado.

De adolescente, cuando me lamentaba ante mis amigos de los procedimientos didácticos de mi padre, ellos decían que ésa era la *educación francesa* y que la *educación francesa* estaba muy bien. Que ellos no sabían nadar, ni montar en bicicleta, ni distinguir un cuco[15] de un arrendajo[16] porque no habían recibido una *educación francesa* y que era un atraso. Que criar a un niño entre algodones[17] era arriesgado porque luego, cada vez que la vida le pasa la factura, no sabe qué actitud adoptar.

Miguel DELIBES, *Mi Vida al aire libre* (1989)

(1) apearme: *mettre pied à terre.*
(2) el convencimiento: *la conviction, la certitude.*
(3) las enramadas: *les branchages.*
(4) el gorjeo de los gorriones: *le gazouillement des moineaux.*
(5) la tapia: *le mur de clôture.*
(6) un anticipo: *un avant-goût.*
(7) apuros: *situation difficile.*
(8) ingeniárselas: encontrar algo para salir de una dificultad.
(9) el cenador: *la tonnelle.*
(10) afianzar: *(ici) appuyer.*
(11) arremeter: *foncer.*
(12) el seto de boj: *la haie de buis.*
(13) el pestorejo: *la nuque.*
(14) una palmada: *une tape.*
(15) un cuco: *un coucou.*
(16) un arrendajo: *un geai.*
(17) criar entre algodones: *élever dans du coton.*

I. Compréhension du texte

1. Refiriéndose al principio del texto diga en qué apuros se encontraba el narrador.
2. ¿De qué tomó conciencia el niño?
3. ¿Por qué no se bajaba de la bicicleta? ¿Lo consiguió?

II. Expression personnelle

1. ¿Cómo presenta el narrador las diferentes etapas de la experiencia del niño y su evolución psicológica?
2. Comente usted la actitud del padre:
« Me dio en el pestorejo una palmada cariñosa.
– Anda, di a tu madre que te dé algo de comer. Te lo has ganado. »
(ligne 37)
3. **(sauf STT)** Apunte y comente los elementos del texto que traducen el impacto de tal experiencia en el niño.

III. Compétence linguistique (L LV2, ES, S)

1. a) Imaginer que le petit garçon raconte à ses amis son aventure à la première personne du singulier et au passé

« Has de hacerlo tú solo. Si no, no aprenderás nunca. » (ligne 3)

b) Reprendre et transformer

« Cuando sientas hambre sube a comer » (lignes 3-4) en commençant par : Su padre le sugirió que…

2. Réécrire la phrase suivante en remplaçant la formule soulignée par une expression de sens équivalent

« <u>Debería llegar</u> hasta él muy despacio... » (ligne 21)

3. Compléter la phrase suivante en s'inspirant de la situation exposée dans le texte

« Ellos decían que ésa era la *educación francesa* y que » gracias a la *educación francesa*, un niño...

4. Réutiliser la formule soulignée dans une phrase personnelle ayant un rapport avec le texte

« yo <u>seguía pedaleando</u>... » (lignes 9-10)

5. Traduction

Traduire depuis « ... incluso tuve un anticipo... » jusqu'à « era el cenador. » (lignes 17-21)

III. Traduction (STT)

Traduire depuis : « ... incluso tuve un anticipo... » jusqu'à « ...era el cenador. » (lignes 17-21)

III. Traduction (L LV1)

Traduire depuis : « ¿Cuántas vueltas daría... » jusqu'à « ...era el cenador. » (lignes 11-21)

CORRIGÉ

I. Compréhension du texte

1. El narrador, cuando niño, aprendía a montar en bicicleta con su padre en el jardín. En un momento dado, su padre lo abandonó diciéndole que si quería aprender debía arreglárselas solo para apearse.

2. Tomó conciencia de que debía superar su terror pues nadie le prestaría socorro. Fue una experiencia saludable porque se dio cuenta de que volvería a encontrar en su vida situaciones semejantes y que tenía que aprender a arrostrarlas y asumirlas sin acogerse a los demás. Mediante un aprendizaje difícil, venciendo el miedo, fue adquiriendo experiencia para enfrentarse a la vida de manera autónoma.

3. El niño no se atrevía a bajar por lo tanto seguía pedaleando y dando vueltas al jardín sin decidirse, por el miedo que tenía a caer. Iba imaginando estrategias y astucias para pararse sin hacerse daño pero fracasaba. Por fin, tras haber tardado mucho, sacó fuerzas de flaqueza y logró pararse lanzándose contra un seto de boj que lo frenó.

II. Expression personnelle

1. Evoca el narrador su evolución psicológica a través de una experiencia que lo colocó frente al peligro y al miedo. Su padre, que le enseñaba a montar en bicicleta, decidió dejarlo solo para que aprendiera a apearse por sí mismo. Le trastornó aquella decisión tremenda hasta tal punto que se le oscureció la mirada como lo recalca la frase: « las nubes sombrías nublaron mi vista ». Cuando se fue el padre, el niño se sintió como abandonado, diminuto y frágil en la inmensidad del universo, « entre el cielo y la tierra ». No las tenía todas consigo. Ya que temía el momento crítico en que tuviera que bajar de la bici, lo demoraba dando vueltas y vueltas por el jardín. Sin alejarse de la tapia, seguía avanzando « como un autómata », como si fuera la máquina misma la que lo llevara hacia adelante, como si no pudiera con ella.

Le parecía tan hostil el entorno que hasta le sonaba a burla el cantar de los pájaros. La interrogación acerca del sinnúmero de vueltas revela cómo iba creciendo la angustia del niño que no lograba interrumpir el movimiento infernal del artilugio. Se le hacía tanto más pesada la soledad cuanto que oía a sus familiares muy cerca. Resalta la oposición entre su desamparo y la despreocupación de los hermanos que se divertían. La inquietud de la madre que preguntaba por él le dejó entrever el titilar de una esperanza, pero cuando el padre le dijo a su mujer que no se quemara la sangre, pronto desapareció la única salvación que le quedaba. Entonces fue cuando cayó en la cuenta de que « nadie iba a mover un dedo » y sólo tenía que contar consigo mismo. Y así fue como comprendió que a cada uno le corresponde encararse con la vida y salvar los obstáculos. Trató por lo tanto de salir de apuros solo, planeando un aterrizaje, previendo minuciosamente cada detalle de la operación, para no correr el riesgo de caerse. Por primera vez, intentó encontrar un remedio sin ayuda alguna, lo que constituyó un paso hacia la autonomía. Por muy preparado que iba el intento, fracasó; sin embargo no perdió los estribos, pero, incapaz de dominar totalmente sus sentimientos, de nuevo le invadió el miedo.

Se pasó la tarde procurando superar el ansia que se apoderaba de él cada vez que decidía pararse. Por fin, dio el paso, abalanzándose sin reflexionar, o como dice el propio narrador : « sin pensármelo dos veces ». A pesar de no ser una parada en debida forma, el niño se sintió aliviado y bajó « tranquilamente », librado de su interminable vuelta al jardín. Al llegar su padre, fingió salir fácilmente de la prueba, con cierto orgullo. Igual que no cedió en ningún momento a la tentación de pedir auxilio, le avergonzaría ahora confesar sus titubeos. El que silenciara sus dificultades da a entender que asumió el reto de su padre, y parte de su vida corría desde entonces a cargo suyo.

2. La actitud del padre, que le dio a su hijo una palmada cariñosa, indica que está contento del éxito del niño. Quería ponerlo a prueba dejándolo apañárselas solo con la bicicleta. Exigía de su hijo que se portara con valor y no como un niño mimado criado entre algodones. Esta actitud correspondía a su concepción de la educación, que le podía parecer rígida y severa al niño, pero que en realidad revelaba que el padre se fiaba de él, al tiempo que le incitaba a adquirir cierta confianza en sí y a actuar con sangre fría. Lejos de abandonar a su hijo, el padre manifestaba así su amor y su deseo de ayudarlo para que no fuera indefenso ante la vida y supiera asumir responsabilidades y tomar conciencia de sus facultades.

Al ver que el chaval no defraudó sus esperanzas, expresó su cariño de manera espontánea. Sin acosarlo con preguntas molestas acerca de las tribulaciones del ciclista, se conformó con saber que había bajado él solo y en seguida le dijo que fuera a recobrar fuerzas, pidiendo algo de comer a su madre. El padre quiso darle a entender que se había granjeado su consideración y el hijo debió de enorgullecerse, animado por el ademán caluroso de su padre. Se sentiría justamente recompensado al oírle decir « te lo has ganado ». Si la preocupación del padre era forjar el carácter de su hijo y hacer de él un hombre, no por ello dejó de mostrarse tierno.

3. El recuerdo del narrador que evoca el miedo que pasó, de niño, nos lleva a reflexionar sobre las huellas que pueden dejar los temores infantiles. El que, adulto ya, nos cuente de manera pormenorizada un trance vivido en la niñez sugiere que fue una experiencia intensa que se le grabó en la memoria. Recuerda con precisión todo lo que pasaba alrededor suyo, tanto los gorjeos de los gorriones como las voces alegres de sus hermanos. Estaba pendiente de la voz de su madre en espera de una intervención que pudiera salvarlo, lo que recalca el sentimiento de soledad y de desesperación que lo invadía. Tal vez no sospecharan nunca los padres hasta qué punto se sintió abandonado – si bien sabía el padre que lo dejaba en un apuro – ni se dieran cuenta del impacto que tuviera aquel espanto que le « asaltaba ».

Algo anodino para los padres adquiere a veces suma importancia para el niño y, en ciertas ocasiones, provoca un miedo descomunal que puede dejar traumas e interferir en la personalidad del adulto. Todos solemos pasar aquellos temores en que tenemos que enfrentarnos con la adversidad, sin contar con la ayuda de los padres. Si los recordamos es que generan una concienciación y provocan una ruptura dolorosa e inquietante por significar la pérdida de la protección materna, lo que subraya en el texto la serie de negaciones: « sin ayuda », « nadie iba a mover un dedo », « nunca me ayudaría nadie ». No todos los temores se convierten en un recuerdo gracioso ni se exorcizan mediante la literatura; hay personas que no superan nunca su miedo (como pasa con los que temen el agua porque sus padres les obligaron a permanecer en el agua a pesar de sus llantos) cuando no van a parar en el diván del psicoanalista.

III. Compétence linguistique (L LV2, ES, S)

1. **a)** Había de hacerlo yo solo. Si no, no aprendería nunca.
   Hube de hacerlo yo solo. Si no, no habría (hubiera) aprendido nunca.
   b) Su padre le sugirió que, cuando sintiera hambre, subiera a comer.
2. Habría de llegar hasta él muy despacio.
3. Ellos decían que ésa era la educación francesa y que gracias a ella, un niño aprendía mucho y se forjaba una personalidad.
4. El niño siguió recorriendo el jardín, montado en la bici, hasta que decidió pararse mal que bien.
5. … j'eus même un avant-goût de ce qu'allait être la lutte pour la vie en ce sens que personne ne m'aiderait jamais à descendre de bicyclette, que dans cette situation critique comme dans d'autres je devrais me débrouiller tout seul. Animé de cette conviction, je pensai que le lieu le plus approprié à l'atterrissage était la tonnelle.

III. Traduction (STT)

cf. **5** ci-dessus

III. Traduction (L LV1)

Combien de tours avais-je bien pu faire ? Cent ? Deux cents ? Il est impossible de les compter mais je savais que c'était déjà le soir. J'entendais mes frères jouer dans la cour de devant, la voix de ma mère qui demandait de mes nouvelles, celle de mon père qui la rassurait et, persuadé que seule l'inquiétude de ma mère aurait pu me sauver, je pris peu à peu conscience qu'il n'y avait pas d'autre solution que de descendre sans être aidé, que personne ne bougerait le petit doigt pour me faciliter les choses ; j'eus même un avant-goût de ce qu'allait être la lutte pour la vie en ce sens que personne ne m'aiderait jamais à descendre de bicyclette, que dans cette situation critique comme dans d'autres je devrais me débrouiller tout seul. Animé de cette conviction, je pensai que le lieu le plus approprié à l'atterrissage était la tonnelle.

RAPPELS GRAMMATICAUX

◆ L'OBLIGATION

1) Personnelle

– **Tener que**
– **Haber de** } + infinitif

Tengo que ir a ver a mi tía. .... *Je dois aller voir ma tante.*
Hemos de hacerlo rápido. .... *Nous devons le faire rapidement.*

– **Deber** + infinitif (sert à énoncer un conseil ou une obligation d'ordre général et souvent morale)

Debes estudiar si quieres aprobar. .... *Tu dois étudier si tu veux être reçu.*
Debemos respetar a los padres. .... *Nous devons respecter nos parents.*

– **Hace falta que**
– **Es necesario que**   ⎫
– **Es preciso que**   ⎬ + subjonctif
– **Es menester que**   ⎭

Es necesario que digas la verdad. .... *Il faut que tu dises la vérité.*
Hacía falta que te obedeciera. .... *Il fallait qu'il t'obéisse.*

> 2) Impersonnelle

– **Hay que**
– **Hace falta**
– **Es necesario**   ⎬ + infinitif
– **Es preciso**
– **Es menester**

Habrá que escribirle. .... *Il faudra lui écrire.*
Haría falta ir de compras. .... *Il faudrait faire des courses.*

Exercice complémentaire I

Remplacer la structure en italiques par une autre équivalente

1. No *has de conformarte* con todo lo que hace.
2. *Es necesario comer* para crecer.
3. *Tendríamos que decírselo.*
4. *Habrías de saberlo.*
5. *Hará falta que vayas* a buscarlo.

◆ Traduction de « pour » : « por » / « para »

1) **POR**

a) la cause

Me gusta esta comarca **por** su vino. .... *J'aime cette région pour son vin.*

b) le sentiment

Siente mucho cariño **por** ella. .... *Il a beaucoup de tendresse pour elle.*

c) l'échange

¿Cuánto me das **por** este disco? .... *Combien tu me donnes pour ce disque ?*

2) **PARA**

a) le but

¿Qué dijiste **para** convencerlo? .... *Qu'as tu dit pour le convaincre ?*

b) la destination

Salgo mañana **para** Málaga. .... *Je pars demain pour Málaga.*

c) le point de vue

Para él, no es ningún problema. .... *Pour lui, ce n'est pas un problème.*

Exercice complémentaire II

Compléter les phrases suivantes par « por » ou « para »

1. Esta ponencia destaca … la coherencia de las ideas.
2. Me vendió el piso … seis millones de pesetas.
3. Te doy cien pesetas … ti y cien … tu hermana.
4. … un niño, es difícil estarse quieto tanto tiempo.
5. Siempre sentí odio … la violencia.

◆ Constructions avec l'infinitif

1) Dans la tournure impersonnelle avec la préposition « de » en français, l'infinitif est le sujet réel en espagnol et s'emploie sans cette préposition.

Es importante comprender esto. .... *Il est important de comprendre cela.*
Da gusto sentarse en la playa. .... *C'est agréable de s'asseoir sur la plage.*

2) Dans la tournure emphatique il en est de même.
Es una estupidez creer esto. .... *C'est une stupidité que de croire cela.*

3) adj + « à » + infinitif (en français) = adj + « **de** » + infinitif (en espagnol)
Es difícil de creer. .... *C'est difficile à croire.*

Exercice complémentaire III

Réunir les deux prépositions qui se complètent

1. Es agradable…
2. Parece inútil…
3. Da miedo…
4. Este problema resulta difícil…
5. Es una vergüenza…

a) … asomarse a la ventana del décimo piso.
b) … maltratar a un niño.
c) … ir de excursión.
d) … tratar de convencerlo.
e) … de comprender.

VOCABULAIRE THÉMATIQUE
I. La educación / los estudios

---

estar bien ≠ mal educado .... *être bien ≠ mal élevé*
ser cortés ≠ descortés .... *être poli ≠ impoli*
la cortesía, la buena educación .... *la courtoisie, la politesse*

criar, educar	élever, éduquer
juegos educativos	des jeux éducatifs
obedecer ≠ desobedecer	obéir ≠ désobéir
la obediencia; obediente	l'obéissance ; obéissant
enseñar los buenos modales	enseigner les bonnes manières
tener mundo	avoir des bonnes manières
tener malos modales	se conduire mal
portarse, comportarse	se comporter, se conduire
una buena conducta	une bonne conduite
enmendarse (ie)	se corriger, s'amender
castigar; un castigo	punir ; une punition
premiar; un premio	récompenser; une récompense
animar	encourager
no escarmentar (ie) en cabeza ajena	apprendre à ses dépens
tener buen carácter	avoir bon caractère
tener mal genio; tener malas pulgas (fam)	avoir mauvais caractère
ser bueno ≠ malo	être gentil ≠ méchant
ser listo	être intelligent
ser capaz de	être capable de
estar al alcance de cualquiera	être à la portée de n'importe qui
las dotes; las facultades	les dons ; les facultés
ser un superdotado para	être très doué pour
tener facilidad para	être doué pour
tener el don de lenguas	avoir le don des langues
tener disposición para	avoir des dispositions pour
ser culto	être cultivé
la enseñanza media	l'enseignement secondaire
cursar estudios; una beca	faire des études ; une bourse
hacer la carrera de ingeniero	faire des études d'ingénieur
aprender, repasar la lección	apprendre, réviser la leçon
repetir año	redoubler
enseñar a los alumnos a expresarse	apprendre aux élèves à s'exprimer
la apertura de curso	la rentrée des classes
las asignaturas; el horario	les matières ; l'emploi du temps
tener clase de inglés	avoir cours d'anglais
apuntar, sacar apuntes	prendre des notes
hacer novillos	faire l'école buissonnière
fumarse la clase	sécher les cours
estar atento	être attentif
atentamente	avec attention, attentivement
estarse quieto	rester tranquille
ser un alumno serio, estudioso	être un élève sérieux, studieux
ser un empollón	être un bûcheur
ser un pez	être un cancre
¡Vaya descaro!	Quelle insolence !
prestar atención a	prêter attention à

llamar la atención	attirer l'attention
no hacerle caso al profesor	ne pas écouter le professeur
hacer caso de	faire cas de
poner a prueba	mettre à l'épreuve
una prueba de español	une épreuve d'espagnol
examinarse	passer un examen
aprobar (ue) el examen	réussir l'examen, être reçu à l'examen
suspender a un estudiante	recaler un étudiant
Me suspendieron.	J'ai raté mon examen.
hacer oposiciones	se présenter à un concours
el diploma, el título	le diplôme, le titre

▷ 10 phrases à retenir

1.	Se portó muy bien conmigo.	*Il s'est très bien comporté avec moi.*
2.	Este principiante apunta excelentes cualidades.	*Ce débutant manifeste d'excellentes qualités.*
3.	El maestro lo castigó por su holgazanería.	*L'instituteur l'a puni pour sa paresse.*
4.	Te lo dijo para que escarmentaras.	*Il te l'a dit pour que cela te serve de leçon.*
5.	¡Qué cabeza de chorlito! Siempre anda distraído.	*Quelle tête de linotte ! Il est toujours distrait.*
6.	¡No te desanimes! Has de sacar fuerzas de flaqueza.	*Ne baisse pas les bras ! Tu dois prendre ton courage à deux mains.*
7.	Para graduarse, hay que matricularse en la universidad.	*Pour obtenir un diplôme, il faut s'inscrire à l'université.*
8.	Aprobé con las manos en los bolsillos.	*J'ai été reçu les doigts dans le nez.*
9.	Es tan duro de mollera que nunca adelantará.	*Il est tellement bouché qu'il ne progressera jamais.*
10.	La letra con sangre entra.	*On n'apprend rien sans mal.*

VOCABULAIRE THÉMATIQUE
II. EL PELIGRO / EL MIEDO

estar solo ante el peligro	être seul devant le danger
afrontar una situación peligrosa	afronter une situation dangereuse
huir de un peligro	fuir un danger
poner a uno fuera de peligro	mettre qqn hors de danger
con peligro de muerte	au péril de sa vie
correr peligro de	risquer de
arriesgarse la vida	risquer sa vie
exponerse a riesgos	encourir des risques
jugarse el pellejo	risquer sa peau
a riesgo de	au risque de
por su cuenta y riesgo	à ses risques et périls

atreverse a	oser, se risquer à
atrevido, audaz, temerario	audacieux, téméraire
la audacia, la osadía, la temeridad	l'audace, la hardiesse, la témérité
tomar el toro por las astas	prendre le taureau par les cornes
en un lance	dans une situation critique
los lances, los incidentes	les incidents
sacar a uno de un trance	sortir quelqu'un d'un mauvais pas.
salir de aprieto	se tirer d'affaire
salir de un mal paso, de apuro	sortir d'un mauvais pas
¡Cuidado con el fuego!	Attention au feu !
tener cuidado con	faire attention à
¡Ojo!	Attention !
estar ojo avizor	être sur ses gardes
avisar	prévenir, mettre en garde
una advertencia	une mise en garde
el miedo a la oscuridad	la peur de l'obscurité
Me da miedo el trueno.	J'ai peur du tonnerre.
el temor a la soledad	la crainte de la solitude
temer a su padre	craindre son père
atemorizar, amedrentar	effrayer
Me lo temo.	J'en ai bien peur.
un miedo cerval	une peur bleue
miedoso, medroso, a	peureux
temeroso, receloso, a	craintif
temible	redoutable
espantarse de algo	être épouvanté par qch
llenar de espanto	remplir d'épouvante
espantoso, a	effrayant, épouvantable
terrible, tremendo, a	terrible, épouvantable
¡Qué susto me has dado!	Tu m'as fait une de ces peurs !
infundir terror; aterrorizar	inspirer de la terreur; terrifier
aterrador, ora; terrorífico, a	effroyable, terrifiant
sembrar el pánico	semer la panique
Cundió el pánico.	Un vent de panique souffla.
horrorizar; el horror	horrifier ; l'horreur
horrible, horroroso,a	horrible
temblar (ie), estremecerse de miedo	trembler, frémir de peur
estremecer; el estremecimiento	faire frémir ; le frémissement
sobresaltar al oír un ruido	sursauter en entendant un bruit
no tenerlas todas consigo	ne pas en mener large
ser un gallina	être une poule mouillée
ser cobarde	être lâche
tener agallas	avoir du cran
tener canguelo	avoir la trouille
dar escalofríos	donner des frissons

la angustia, la congoja	*l'angoisse*
angustiar, acongojar	*angoisser*

▷ 10 phrases à retenir

1.	¡Ojo! ¡No te vayas a perder!	*Attention ! Ne va pas te perdre !*
2.	Es peligroso fumar en el bosque.	*Il est dangereux de fumer en forêt.*
3.	No se atrevió a subir solo al desván.	*Il n'a pas osé monter tout seul au grenier.*
4.	¡De buena nos hemos librado!	*On l'a échappé belle!*
5.	Se me pusieron los pelos de punta al oír su relato.	*Son récit m'a fait dresser les cheveux sur la tête.*
6.	Todos fueron presa del pánico.	*Tous ont été saisis de panique.*
7.	A pesar del miedo, conservó la sangre fría.	*Malgré la peur, il a gardé son sang-froid.*
8.	Por poco me caigo del susto que me diste.	*Tu m'as fait tellement peur que j'ai failli tomber.*
9.	Esta película me pone la carne de gallina.	*Ce film me donne la chair de poule.*
10.	Quien no se arriesga no pasa el mar.	*Qui risque rien n'a rien.*

▷ *Temas para el comentario o el debate*

1. Educación y aprendizaje por sí solo.
2. Relación padre e hijo en la niñez.
3. ¿Cómo se trasluce la mirada divertida del adulto en el relato de aquella experiencia?
4. ¿Qué se entiende por educación francesa?

Sujet 15

L LV1, L LV2, ES, S

Celebración de la amistad

Juan Gelman me contó que una señora se había batido a paraguazos, en una avenida de París, contra toda una brigada de obreros municipales. Los obreros estaban cazando palomas cuando ella emergió de un increíble Ford a bigotes, un coche de museo, de aquellos que arrancaban a manivela; y blandiendo su paraguas, se lanzó al ataque.

A mandobles[1] se abrió paso, y su paraguas justiciero rompió las redes donde las palomas habían sido atrapadas. Entonces, mientras las palomas huían en blanco alboroto, la señora la emprendió a paraguazos contra los obreros.

Los obreros no atinaron[2] más que a protegerse, como pudieron, con los brazos, y balbuceaban protestas que ella no oía: más respeto, señora, haga el favor, estamos trabajando, son órdenes superiores, señora, por qué no le pega al alcalde[3], cálmese, señora, qué bicho la picó, se ha vuelto loca esta mujer...

Cuando a la indignada señora se le cansó el brazo, y se apoyó en una pared para tomar aliento, los obreros exigieron una explicación.

Después de un largo silencio, ella dijo:

– Mi hijo murió.

Los obreros dijeron que lo lamentaban mucho, pero que ellos no tenían la culpa. También dijeron que esa mañana había mucho que hacer, usted comprenda...

– Mi hijo murió – repitió ella.

Y los obreros: que sí, que sí, pero que ellos se estaban ganando el pan, que hay millones de palomas sueltas por todo París, que las jodidas palomas[4] son la ruina de esta ciudad...

– *Cretinos* – los fulminó la señora.

Y lejos de los obreros, lejos de todo, dijo:

– *Mi hijo murió y se convirtió en paloma.*

Los obreros callaron y estuvieron un largo rato pensando. Y por fin, señalando a las palomas que andaban por los cielos y los tejados y las aceras, propusieron:

– *Señora: ¿por qué no se lleva a su hijo y nos deja trabajar en paz?*

Ella se enderezó el sombrero negro:

– ¡Ah, no! ¡Eso sí que no!

Miró a través de los obreros, como si fueran de vidrio[5], y muy serenamente dijo:

– Yo no sé cuál de las palomas es mi hijo. Y si supiera, tampoco me lo llevaría. Porque, ¿qué derecho tengo yo a separarlo de sus amigos?

Eduardo GALEANO, *El Libro de los abrazos.*

(1) a mandobles: *à grands coups.*
(2) atinar a: *réussir à, parvenir à.*
(3) el alcalde: *le maire.*

(4) jodidas palomas: *foutus pigeons.*
(5) el vidrio: *le verre.*

I. Compréhension du texte

1. Resumir la anécdota que cuenta el narrador en las primeras líneas del texto.
2. Complete: Los obreros le dijeron a la señora que...
3. ¿Qué explicó la anciana para justificar sus actos?
4. Imagine usted otro título.

II. Expression personnelle

1. Caracterice y justifique la actitud de la señora.
2. Comente usted la reacción de los obreros.
3. El relato pone en escena a una anciana. ¿Cómo ve usted la vejez?

III. Compétence linguistique (L LV2, ES, S)

1. Mettre au futur

« mientras las palomas…con los obreros » (lignes 7-9).

2. Remplacer la tournure soulignée par une tournure équivalente

« No atinaron más que a protegerse » (ligne 10)

3. Passer du vouvoiement au tutoiement en transformant les phrases suivantes

« ¡Haga el favor! » (lignes 11-12); « ¡Cálmese! » (ligne 13)

4. Mettre au style indirect (au passé), en commençant par : La señora dijo que…, la phrase suivante

« Yo no sé cuál de las palomas es mi hijo. » (ligne 37)

5. Imiter, en changeant les verbes et en respectant la logique du texte, la phrase suivante

« Y si supiera… lo llevaría. » (ligne 37)

6. Traduire à partir de :

« Los obreros no atinaron… » jusqu'à « se ha vuelto loca esta mujer » (lignes 10-13)

III. Traduction (L LV1)

Traduire depuis « Los obreros no atinaron... » jusqu'à « repitió ella. »
(lignes 10-21)

> CORRIGÉ

I. Compréhension du texte

1. Cuenta que, en París, una anciana se había peleado contra unos obreros municipales. Éstos estaban cautivando palomas cuando surgió ella de un viejo Ford para librar las palomas y se puso a golpearlos con su paraguas. Los obreros intentaban salvar los golpes protestando.

2. Los obreros le dijeron a la señora que estaban trabajando acatando las órdenes del alcalde y que, por lo tanto, a él había que pegarle ya que ellos no tenían la culpa; le dijeron también que se calmara.

3. La anciana explicó que su hijo murió y se había convertido en paloma. Pero no sabía cuál era su hijo entre todas las palomas, por eso impidió a los obreros que las cazaran. Sólo defendía la libertad de las palomas, es decir la de su hijo y de sus amigos a los que no quería separar. La anciana justiciera parece abogar por la amistad y la libertad.

4. Se titula este relato « Celebración de la amistad », pero podría titularse también « Celebración de la libertad » o « Locura de una anciana » o « La anciana justiciera » o bien « Un hijo inolvidable ».

II. Expression personnelle

1. Parece surgir del pasado esta anciana que « emergió » de « un coche de museo » para emprenderla contra todo un grupo de hombres. Se vale el narrador de un estilo épico para presentarla como una heroína justiciera: « blandiendo su paraguas » como si fuera una espada, « se lanzó al ataque », como un caballero valeroso, un nuevo Quijote que vendría a enderezar entuertos. Lo cual viene a ser bastante humorístico, tratándose de una viejecita con su paraguas como arma única. Además no se contentó ésta con librar a las víctimas sino que, hecha una fiera, castigó a los culpables. Cuando éstos protestaron, ni siquiera les hizo caso: « ella no oía ». Parecía tan obcecada por su propósito de salvar las palomas que no se paró hasta que se cansó y tomó aliento.

Entonces fue cuando explicó el motivo de sus actos por la muerte de su hijo. Resulta, por lo tanto, muy extraña su actitud ya que no atinamos a ver el vínculo con las palomas. A primera vista, habrán pensado los obreros, tanto como el lector, que la anciana trataba de librar las palomas porque se preocupaba por la protección de los animales. De repente cada uno se pregunta si no será cierto lo que se dijo antes: « se ha vuelto loca esta mujer ». En efecto, a partir de esta alusión, se van acumulando los detalles que dejan entrever su locura. Repitió que su hijo murió como si hubiera perdido el juicio. Cuando un obrero evocó « las jodidas palomas » que eran « la ruina de esta ciudad », se encolerizó pero de pronto estuvo como ausente. Luego tenemos la impresión de que va a recobrarse ya que parece serenada, pero inmediatamente comprendemos que sigue ensimismada, mirando « a través de los obreros, como si fueran de vidrio ». Los distintos estados de ánimo que la invaden revelan un desequilibrio mental, causado tal vez por el dolor, al perder a un ser querido, o por la vejez ya que se trata de una mujer aparentemente bastante entrada en años. Así se puede explicar su comportamiento.

2. Los obreros del Ayuntamiento de París no hacían más que su trabajo al cazar las palomas, por lo tanto, no atinaron a comprender la bronca que se les estaba armando. Frente a los golpes que se les llovían encima, sólo pensaron en defenderse primero, parapetándose tras las « órdenes superiores », dadas por el alcalde, para justificar su trabajo. A lo mejor, el autor parodia aquí un poco a los funcionarios que obedecen sin hacer preguntas y tratan de escurrir el bulto remitiéndole al alcalde la responsabilidad en una réplica algo divertida: « por qué no le pega al alcalde ». Por lo visto los obreros intentaban discutir con la anciana que los agredía, pero, ya que ésta no se calmaba, el tono pasó a ser un poco más violento o por lo menos irrespetuoso: « qué bicho la picó, se ha vuelto loca esta mujer ». Y claro, exigieron una explicación en cuanto tuvo que descansar la agresora, después de su arremetida.

Al oír la razón de semejante conducta, seguro que no comprendían cómo se relacionaba el fallecimiento del hijo de la anciana con su propia labor; sin embargo actuaron con cierta cortesía, lamentando la suerte de su interlocutora y tratando de convencerla amablemente de que ellos no tenían la culpa y habían de seguir trabajando. La repetición « que sí, que sí » evidencia que procuraban no impacientarse pero la enumeración de los argumentos de los obreros, « pero que ellos... », « que hay millones de palomas », « que las jodidas palomas... », pone de manifiesto una progresión en el discurso que revela la indiferencia a la vez que la exasperación de unos hombres que no tenían por qué meterse en cosas ajenas, a los que importaba más ganarse el pan en lugar de perder el tiempo con una anciana. Pese a sus esfuerzos para seguir bien educados, les tachó ella de « cretinos » y añadió lo de su hijo convertido en paloma. Entonces permanecieron callados los obreros, como si no supieran qué hacer, como desconcertados por lo oído. Empezarían a percatarse de que la anciana había perdido el seso y con mucha comprensión y paciencia, siguiéndole el pensamiento, le propusieron que se llevara al hijo hecho paloma. Por cierto, hasta el final, se portaron bien con ella, fuese por respeto a sus años o fuese por compasión.

3. A partir de este relato que pone en escena a una anciana, resulta interesante evocar la vejez. Esta etapa de la vida es a veces un momento difícil en que el ser humano tiene que aguantar las enfermedades, la pérdida de sus facultades, o la soledad. La protagonista del texto de Galeano es una anciana que parece no estar en su sano juicio y sentir cierto dolor por la pérdida de su hijo. La situación de muchos ancianos puede llamar la atención: unos viven con medios escasos después de jubilarse, otros, en sus postrimerías, necesitan un respaldo más bien psicológico. Son personas frágiles que merecen más consideración. Cabría tener miramientos con las personas de edad y ofrecerles un final de vida un poco más feliz. Sin embargo, hay que comprobar que las familias no pueden siempre atenderlos o no quieren cargar con una persona más, y muchos ancianos se encuentran desamparados.

El caso es que, hoy día, existen algunos intentos de cambiar esta realidad. Por una parte, la sociedad trata de mejorar las condiciones de estas personas haciéndoles caso, pagando unos subsidios a las que están sin recursos, creando diversas ayudas materiales o morales, construyendo establecimientos especializados con una acogida más humana. Por otra parte, los adelantos médicos van modificando las posibilidades de cada uno y van permitiendo a los ancianos vivir más tiempo en mejores condiciones físicas y psicológicas. Así, hoy por hoy, no todos los ancianos son impedidos que necesitan auxilio, los hay muy dinámicos que participan en muchas actividades, deportivas, sociales y culturales, que logran distraerse o incluso participan en el movimiento vecinal. Poco a poco, la vejez viene a ser un momento de la vida, con sus peculiaridades y sus limitaciones, que cada uno puede aprovechar en cierta medida.

III. Compétence linguistique (L LV2, ES, S)

1. Mientras las palomas huyan en blanco alboroto, la señora la emprenderá a paraguazos contra los obreros.
2. Sólo atinaron a protegerse (no atinaron sino a protegerse).
3. ¡Haz el favor! ¡Cálmate!
4. La señora dijo que ella no sabía cuál de las palomas era su hijo.
5. Si reconociera a mi hijo, lo dejaría irse con sus amigos.
6. Les ouvriers parvinrent tout juste à s'abriter, tant bien que mal, derrière leurs bras et ils balbutiaient des protestations qu'elle n'entendait pas : un peu de respect, madame, s'il vous plaît, nous faisons notre travail, les ordres viennent d'en haut, madame, pourquoi ne frappez-vous pas le maire, calmez-vous, madame, quelle mouche vous a piquée, cette femme est devenue folle...

III. Traduction (L LV1)

Les ouvriers parvinrent tout juste à s'abriter, tant bien que mal, derrière leurs bras et ils balbutiaient des protestations qu'elle n'entendait pas : un peu de respect, madame, s'il vous plaît, nous faisons notre travail, les ordres viennent d'en haut, madame, pourquoi ne frappez-vous pas le maire, calmez-vous, madame, quelle mouche vous a piquée, cette femme est devenue folle...

Quand la dame indignée n'eut plus de force dans le bras, et qu'elle s'appuya contre le mur pour reprendre son souffle, les ouvriers exigèrent une explication.

Après un long silence, elle dit :

– *Mon fils est mort.*

Les ouvriers dirent qu'ils étaient vraiment désolés, mais qu'ils n'y étaient pour rien. Ils dirent également qu'ils avaient beaucoup à faire ce matin-là, il faut nous comprendre...

– *Mon fils est mort* – répéta-t-elle.

RAPPELS GRAMMATICAUX

◆ LA CONDITION

1) **si** + indicatif ou subjonctif

Proposition principale	*Proposition subordonnée*
Présent	
Impératif	Présent de l'indicatif
Futur	
Conditionnel	Imparfait du subjonctif

Si quieres quedarte, dímelo. .... *Si tu veux rester, dis-le-moi.*
Me iría **si** pudiera. .... *Je m'en irais si je pouvais.*

Cas où l'on emploie l'imparfait de l'indicatif :

– idée de temps ou de cause (quand, puisque)

Si estaba cansado, no iba a bailar. .... *S'il était fatigué, il n'allait pas danser.*

– interrogation indirecte

Me preguntó si podía salir. .... *Il me demanda s'il pouvait sortir.*

– Subordonnée introduite par un verbe de déclaration

Me decía que si no aprendía, era inútil seguir. .... *Il me disait que si je n'apprenais pas, il était inutile de continuer.*

2) **como** + subjonctif (présent ou imparfait)

como me ayudes, acepto. .... *Si tu m'aides, j'accepte.*
como lo quisieras, podrías hacerlo. .... *Si tu voulais, tu pourrais le faire.*

3) **de** + infinitif

De habérmelo explicado, no hubiera renunciado. .... *Si tu me l'avais expliqué, je n'aurais pas renoncé.*

Exercice complémentaire I

Remplacer la structure utilisée par une autre équivalente

1. De saber hacerlo yo sola, no te pediría que me lo explicaras.
2. Si sigues mintiendo, no podré ayudarte.
3. Como pierdas el tren, no llegarás a tiempo.
4. De entrarnos ganas de beber, iríamos a la fuente.
5. Si nos pusiéramos de acuerdo, el asunto podría arreglarse.

◆ La possession exprimée par la forme réfléchie

Pour établir un **rapport de possession**, l'adjectif possessif se trouve très souvent remplacé en espagnol par le pronom personnel réfléchi. (Penser au français : *je me lave les mains*)

Se enderezó **el** sombrero negro. .... *Elle arrangea son chapeau noir.*
Me pongo **el** abrigo. .... *Je mets mon manteau.*
¡Ponte **los** zapatos! .... *Mets tes chaussures !*

Exercice complémentaire II

Réunir les deux éléments donnés dans une phrase qui indiquera le rapport de possession en employant la forme réfléchie

1. Quito / mis gafas
2. Bebió / su café
3. Ganamos / nuestra vida
4. Ponéis / vuestra chaqueta
5. Cortaste / tu pelo

◆ « Réussir à », « parvenir à », « arriver à »

Attention : certains verbes se construisent avec préposition et d'autres sans préposition.

– **lograr** + inf
No **lograba comprender**. .... *Il ne parvenait pas à comprendre.*

– **conseguir** + inf
Conseguí acercarme al perro. .... *Je réussis à m'approcher du chien.*

– **acertar a** + inf
Por fin **aciertas a hablarle**. .... *Tu réussis enfin à lui parler.*

– **atinar a** + inf
Atinó a encontrar la solución. .... *Il a réussi à trouver la solution.*

– **alcanzar a** + inf
Quería **alcanzar a hacer** algo útil. .... *Je voulais réussir à faire quelque chose d'utile.*

• Remarques :

– **llegar a** a parfois le sens de « parvenir à »

Llegó a ser propietario. .... *Il a réussi à devenir propriétaire.*

– **no acabar de** + inf signifie « ne pas arriver à »

No acabo de ver el interés .... *Je n'arrive pas à voir l'intérêt*
de su propuesta. *de sa proposition.*

Exercice complémentaire III

Remplacer le verbe ou la structure en italiques par une autre forme adéquate

1. Yo no *atino* a explicárselo.
2. Los obreros no *lograron* serenar a la anciana.
3. No sé cómo tú *aciertas* a oír con tanto ruido.
4. *Conseguí* ver entre las nubes la cumbre nevada del volcán.
5. *No acabo de* comprender el sentido de esta maniobra.

VOCABULAIRE THÉMATIQUE
I. LA LOCURA / EL JUICIO

---

la locura; ser loco, a	*la folie ; être fou*
la demencia; demente	*la démence ; dément*
la alienación, la enajenación mental	*l'aliénation mentale*
enloquecerse, volverse (ue) loco	*devenir fou*
enloquecer	*rendre fou ou devenir fou*
pronunciar palabras incoherentes	*tenir des propos incohérents*
hablar sin tino	*déraisonner*
hablar a tontas y a locas	*parler sans réfléchir, à tort et à travers*
decir disparates	*dire des absurdités*
disparatar	*déraisonner, dire, faire des absurdités*
un comportamiento disparatado	*un comportement absurde, extravagant*
portarse de manera estrafalaria	*se conduire bizarrement*
actuar de modo insensato	*agir de façon insensée*
el delirio, el devaneo	*le délire, la divagation*
delirar, devanear, desvariar	*délirer, divaguer*
los desvaríos de la razón	*les désordres de la raison*
loco rematado o perdido	*fou à lier*
perder (ie) el juicio o la razón	*perdre l'esprit ou la raison*
perder los estribos	*perdre les pédales*
perder el seso	*perdre la tête*
estar falto de juicio	*avoir perdu l'esprit*
no estar en sus cabales	*ne pas avoir toute sa tête*
perder el dominio de sí mismo	*perdre le contrôle de soi-même*
inmutado el semblante por el extravío	*le visage altéré par l'égarement*

la excitación; la agitación	l'excitation ; l'agitation
desasosegado, a	agité, inquiet, troublé
tener un ramalazo de loco	avoir un grain de folie
una persona desquiciada, desequilibrada	une personne désaxée, déséquilibrée
estar chalado	être cinglé, dingue
estar chiflado	travailler du chapeau
ser un majareta	être toqué
estar fuera de quicio	être détraqué
perder la chaveta, desbarrar	déménager, battre la breloque
descomponérsele la cabeza	avoir l'esprit dérangé
Le falta un tornillo.	Il lui manque une vis.
la falta de discernimiento	le manque de discernement
confundir; desmemoriarse	confondre ; perdre la mémoire
una monomanía	une idée fixe
obcecado por	obnubilé par
obsesionado con	obsédé par
Es para volverse loco.	C'est à devenir fou.
Cada loco con su tema.	A chaque fou sa marotte.
el manicomio; la camisa de fuerza	l'asile d'aliénés ; la camisole de force
a juicio de psicoanalistas	de l'avis des psychanalystes
volver en su juicio	reprendre ses esprits
el juicio	le jugement, la raison
el sentido común, el juicio, el tino	le jugement, le bon sens
la lucidez; lúcido, a	la lucidité ; lucide
la sensatez; ser sensato, sesudo, a	la sagesse ; être sensé
la cordura; ser cuerdo	la sagesse ; être sage
dominarse	se maîtriser
el pensamiento; pensar (ie) en	la pensée ; penser à
reflexionar sobre	réfléchir à

▷ 10 phrases à retenir

1. Son los desvaríos de una imaginación enfermiza. — *Ce sont les égarements d'une imagination maladive.*
2. El dolor puede desquiciar a las personas sensibles. — *La douleur peut déséquilibrer les personnes sensibles.*
3. Esta mujer está como una cabra; ni sabe lo que dice. — *Cette femme est folle à lier ; elle ne sait même pas ce qu'elle dit.*
4. Ya no logra dominarse; se nota que ha perdido el seso. — *Elle n'arrive plus à se maîtriser ; on voit bien qu'elle a perdu la tête.*
5. Su comportamiento desasosegado revela su locura. — *Son comportement inquiet révèle sa folie.*
6. No está en su sano juicio y actúa de manera insensata. — *Elle n'a plus toute sa tête et agit de façon insensée.*
7. Algunos ancianos acaban por perder el juicio. — *Certaines personnes âgées finissent par perdre la raison.*

8.	¡Qué disparates! ¡Está chiflado este chico!	*Quelles absurdités ! Ce garçon travaille du chapeau !*
9.	Esta persona tiene mucho sentido común.	*Cette personne a beaucoup de bon sens.*
10.	Reza el refrán: cuanto más locos, más regocijo.	*Le proverbe dit : plus on est de fous, plus on rit.*

VOCABULAIRE THÉMATIQUE
II. LA CÓLERA

la cólera, la ira	*la colère*
colérico, a	*coléreux, colérique*
un carácter iracundo	*un caractère irascible*
en un momento de rabia	*sur un moment de colère*
estar furioso, encolerizado, negro	*être en colère*
encolerizarse, ponerse furioso	*se mettre en colère*
ponerse rojo de ira	*se fâcher tout rouge*
enojarse, enfadarse	*se fâcher*
estar enojado con uno	*être en colère contre qqn*
enfurecer	*rendre furieux*
reventar (ie) de cólera	*être fou de colère*
estar hecho una furia	*être fou furieux*
ponerse hecho una furia	*entrer dans une colère noire*
sacar de juicio a uno	*mettre qqn hors de soi*
salir de quicio, de sus casillas	*sortir de ses gonds*
subirse a la parra	*monter sur ses grands chevaux*
arrebatarse de ira	*s'emporter*
hablar con arrebato	*parler avec emportement*
en un arrebato de cólera	*dans un mouvement de colère*
arrebatadizo, irritable	*emporté, irritable*
tomarlas con uno	*s'en prendre à qqn*
irritarse con, por	*s'irriter de*
estar exasperado; exasperar	*être exaspéré ; exaspérer*
probar (ue) la paciencia	*mettre la patience à rude épreuve*
perder (ie) la paciencia	*perdre patience*
estar harto	*en avoir assez*
alzar el grito	*hausser le ton*
dar gritos	*pousser des cris*
poner el grito en el cielo	*pousser des hauts cris*
gritar con furor	*crier avec fureur*
gritar como un desaforado	*crier comme un putois*
cabrearse	*se mettre en rogne*
armar un lío	*faire toute une histoire*
armar un escándalo	*faire un esclandre*

con saña	avec fureur, rage, acharnement
ensañarse con su víctima	s'acharner sur sa victime
buscarle cosquillas a uno	provoquer, chercher des crosses
el encono	l'animosité, l'hostilité, la rancune
una enconada polémica	une polémique virulente
enconarse (una discusión)	s'envenimer
responder con un tono airado	répondre d'un ton courroucé
indignarse	s'indigner
una riña encarnizada	une dispute acharnée
andar a la greña	se chamailler
una rencilla	1. une querelle 2. un ressentiment
el rencor	la rancœur
guardar rencor a alguien por	en vouloir à qqn de
estar resentido contra alguien	en vouloir à qqn
el despecho	le dépit
picar; mosquearse	froisser, vexer ; se froisser
¡Vete al diablo!	Va-t-en au diable !
¡Vete a paseo!	Va te faire voir !
mandar al diablo	envoyer au diable

▷ 10 phrases à retenir

1. De repente, estalló su cólera. — *Soudain, sa colère éclata.*
2. Se le ha agotado la paciencia. — *Sa patience est à bout.*
3. En un momento de rabia, puede uno perder los estribos. — *Dans un moment de colère, on peut perdre la tête.*
4. Picado, se puso rojo de ira. — *Vexé, il devint rouge de colère.*
5. Que yo sepa, conmigo no está enojado. — *Pour autant que je sache, il n'est pas en colère contre moi.*
6. Hay que armarse de paciencia y no montar en cólera. — *Il faut s'armer de patience et ne pas s'emporter.*
7. ¡No te subas a la parra! — *Ne monte pas sur tes grands chevaux !*
8. Se le hinchan las narices. — *La moutarde lui monte au nez.*
9. ¡Se va a armar la de Dios es Cristo! — *Il va y avoir du grabuge !*
10. ¡Qué se lo lleve el demonio! — *Que le diable l'emporte !*

▷ *Temas para el comentario o el debate*

1. La locura y sus excesos.
2. Perder a un ser querido. (Cf. Voc. II Sujet 6)
3. Los animales, factor de degradación del entorno urbano.
4. Comentar el título. (Cf. Voc. I Sujet 6)

L LV1, L LV2, ES, S   SUJET 16

LA BÚSQUEDA DEL PRESENTE

(Habla el poeta mexicano, Octavio Paz, nacido en 1914. Premio Nobel de Literatura 1990.)

Como todos los niños, construí puentes imaginarios y afectivos que me unían al mundo y a los otros. Vivía en un pueblo de las afueras de la ciudad de México, en una vieja casa ruinosa con un jardín selvático y una gran habitación llena de libros. Primeros juegos, primeros aprendizajes. El jardín se
5 convirtió en el centro del mundo y la biblioteca en caverna encantada. Leía y jugaba con mis primos y mis compañeros de escuela. Había una higuera[1], templo vegetal, cuatro pinos, tres fresnos, (...)

El tiempo era elástico; el espacio, giratorio. Mejor dicho: todos los tiempos, reales o imaginarios, eran ahora mismo; el espacio, a su vez, se transformaba
10 sin cesar: allá era aquí; todo era aquí: un valle, una montaña, un país lejano, el patio de los vecinos. Los libros de estampas, particularmente los de historia, hojeados con avidez, nos proveían de[2] imágenes : desiertos y selvas, palacios y cabañas, guerreros y princesas, mendigos y monarcas. Naufragamos con Simbad y con Robinson, nos batimos con d'Artagnan, tomamos Valencia con
15 el Cid. ¡Cómo me hubiera gustado quedarme para siempre en la isla de Calipso[3]! En verano la higuera mecía[4] todas sus ramas verdes como si fuesen las velas de una carabela o de un barco pirata ; desde su alto mástil[5], batido por el viento, descubrí islas y continentes, tierras que apenas pisadas se desvanecían[6]. El mundo era ilimitado y, no obstante[7], siempre al alcance de
20 la mano; el tiempo era una substancia maleable y un presente sin fisuras.

¿Cuándo se rompió el encanto[8]? (...) puedo recordar con cierta claridad un incidente que, aunque pronto olvidado, fue la primera señal. Tendría unos seis años y una de mis primas, un poco mayor que yo, me enseñó una revista norteamericana con una fotografía de soldados desfilando por una gran
25 avenida, probablemente de Nueva York. « Vuelven de la guerra », me dijo. Esas pocas palabras me turbaron como si anunciasen el fin del mundo (...)

Me sentí, literalmente, desalojado (9) del presente.

Octavio PAZ, *La Búsqueda del presente.* (*Discurso de Estocolmo*, 1990)

(1) una higuera: *un figuier.*
(2) proveer de: *fournir.*
(3) en la isla de la ninfa Calipso, Ulises quedó retenido diez años después de su naufragio.
(4) mecer: (*ici*) balancear.
(5) el mástil: *le mât.*
(6) se desvanecían: (*ici*) desaparecían.
(7) no obstante: *nonobstant, cependant.*
(8) el encanto: *le charme.*
(9) desalojado: excluido, expulsado.

I. Compréhension du texte

1. ¿Qué recuerda Octavio Paz de su niñez en las primeras líneas de su evocación?
2. ¿Cuándo terminó el encanto?
3. Explique usted la expresión « desalojado del presente ».

II. Expression personnelle

1. ¿Cómo se transformaba la realidad gracias a la imaginación de aquellos niños?
2. « Vuelven de la guerra » : a su parecer, ¿por qué turbaron tanto al niño Octavio Paz estas cuatro palabras?
3. Analice usted la identificación de los niños con los héroes de los libros que leían.

III. Compétence linguistique (L LV2, ES, S)

1. a) Réécrivez au présent les phrases suivantes

« El jardín se convirtió en el centro del mundo y la biblioteca en caverna encantada. Leía y jugaba con mis primos y mis compañeros de escuela. » (lignes 4-6)

b) Réécrivez à la troisième personne du singulier les phrases suivantes en prenant comme sujet Octavio Paz

« Como todos los niños, construí puentes imaginarios y afectivos que me unían al mundo y a los otros. » (lignes 1-2)
« Me sentí literalmente desalojado del presente. » (ligne 27)

2. Complétez la phrase suivante de façon personnelle, en respectant le sens et la logique du texte

¡Cómo me hubiera gustado…!

3. Traduisez depuis :

« Tendría unos seis años… » jusqu'à « …Nueva York » (lignes 22-25)

III. Traduction (L LV1)

Traduire depuis « El mundo era ilimitado...» jusqu'à la fin du texte « desalojado del presente. » (lignes 19-27)

CORRIGÉ

I. Compréhension du texte

1. Recuerda que, de niño, en la casa vieja del pueblo mejicano donde vivía, leía e inventaba con sus primos y sus amigos un mundo de encantos en el jardín y en la biblioteca. Los libros les ofrecían imágenes, aventuras y héroes.

2. ¿Cuándo terminó el encanto? Fue tal vez cuando una prima suya le enseñó la foto de unos soldados norteamericanos que volvían de la guerra. Fue para él como el fin del mundo.

3. Octavio Paz recuerda aquel momento como una ruptura con "su" presente de niño; es la irrupción de la Historia en su vida, la conciencia de un tiempo y de un espacio real, fuera de su propia voluntad e imaginación. Los niños suelen vivir encerrados en su mundo imaginario hasta que un día toman conciencia de lo que los rodea; el paso de un mundo de ensueño a la realidad dolorosa de la vida representa una etapa hacia el mundo de los adultos difícil de franquear.

II. Expression personnelle

1. El punto de arranque del mundo imaginario de aquellos niños eran los libros como lo sugiere ya el poeta al presentar la biblioteca como una « caverna encantada » y el jardín como el lugar de todos los juegos posibles. El poder de la lectura era tan fuerte que los niños imaginaban vivir las situaciones evocadas en los libros, en las estampas (« nos proveían de imágenes ») y se identificaban con los personajes o héroes convirtiéndose en los protagonistas de aquellas aventuras, « guerreros y princesas, mendigos y monarcas ». Sus personajes predilectos eran los que les permitían viajar, evadirse, descubrir tierras incógnitas o mostrar su valentía en combates históricos.

Gracias a su capacidad imaginativa modificaban la realidad en torno suyo, tanto del punto de vista del espacio como del tiempo : ya no había pasado ni futuro, todo existía en el presente; recreaban cualquier espacio aboliendo fronteras y épocas (podían ser el Cid como Robinson), inventaban lugares y paisajes múltiples, « desiertos y selvas, palacios y cabañas »; así la higuera del jardín podía ser el mástil de una carabela y bastaba con un soplo de viento para que las ramas se volvieran las velas de un barco navegando en alta mar. Aquellos niños, por su actividad lúdica, metamorfoseaban el mundo a su antojo.

2. Efectivamente estas cuatro palabras « vuelven de la guerra » pronunciadas por una prima « un poco mayor » marcan la irrupción, por primera vez, de la realidad en el mundo imaginario del niño de seis años. La guerra que siempre había sido un juego de niños o una historia leída en un libro, en aquel momento cobró la dimensión de un acontecimiento real. Varios elementos contribuyeron a romper « el encanto ». El que la persona que pronunció aquellas palabras fuera una niña que le llevaba pocos años, o sea el que formara parte todavía del mundo de la infancia facilitó el desengaño. El verbo en presente « vuelven » sitúa los hechos en la actualidad, lo que confirma la fotografía que acompaña el anuncio de la noticia. Para un niño acostumbrado a los libros de estampas, el impacto de una fotografía puede resultar más fuerte. La foto ya no remite a un mundo exótico o novelesco sino a una capital cercana, Nueva York. El desfile de los soldados arraiga el horror de la guerra en el presente del niño y trastorna su universo de fantasía. Aquellas palabras sonaron como « el fin del mundo » o como si anunciaran la pérdida de la inocencia.

3. Evoca Octavio Paz la identificación de los niños con los héroes de los libros que leían. Su fecunda imaginación les permitía ser los personajes que descubrían en la ficción y darles vida con júbilo. Resulta interesante preguntarse a qué tipo de personajes querían parecerse. Los ejemplos que nos ofrece el autor muestran que aquéllos eran múltiples y destacados. Los que tenían la predilección de los niños eran los que se distinguían por su valor, sus hazañas, sus actos heroicos. Al imaginarse en terribles trances, como los que vivió el Cid en Valencia frente a los moros, los niños conseguían superar el miedo, vencer el peligro, y de este modo se engrandecían a sí mismos. Al interpretar el papel de Simbad o el de Ulises podían crear un mundo « ilimitado », mágico, de ensueño, ajeno al de la vida cotidiana. Con el personaje de Robinson afrontaban los elementos, la naturaleza, la soledad, viviendo una experiencia inaudita.

A través de estas identificaciones, el niño encontraba un refugio a la vez que se forjaba ideales y construía su personalidad. Podría extrañarnos que ningún héroe citado fuera de origen latinoamericano, siendo mejicano el autor. Si estos personajes de distintos horizontes influyen tanto en la imaginación de los niños, será por su dimensión universal.

III. Compétence linguistique (L LV2, ES, S)

1. **a)** El jardín se convierte en el centro del mundo y la biblioteca en caverna encantada. Leo y juego con mis primos y mis compañeros de escuela.
   b) Como todos los niños, Octavio Paz construyó puentes imaginarios y afectivos que le unían al mundo y a los otros.
   Se sintió literalmente desalojado del presente.
2. ¡Cómo me hubiera gustado vivir en una isla como Robinson!
3. Je devais avoir environ six ans et une de mes cousines, un peu plus âgée que moi, me montra une revue nord-américaine avec une photographie de soldats qui défilaient sur une grande avenue, de New York probablement.

III. Traduction (L LV1)

Le monde était illimité et, cependant, toujours à la portée de la main. Le temps était une substance malléable et un présent sans fissures...
Quand le charme fut-il brisé ? (...) je peux me rappeler avec une certaine netteté un incident qui, bien que vite oublié, fut le premier signe. Je devais avoir environ six ans et une de mes cousines, un peu plus âgée que moi, me montra une revue nord-américaine avec une photographie de soldats qui défilaient sur une grande avenue, probablement de New York. « Ils reviennent de la guerre », me dit-elle. Ces quelques mots me troublèrent comme s'ils annonçaient la fin du monde (...)
Je me sentis, littéralement, expulsé du présent.

RAPPELS GRAMMATICAUX

◆ VERBES DU TYPE « SENTIR »

1) ce verbe diphtongue : e > **ie** (Cf. RG verbes à diphtongue Sujet 13)
Me s**ie**nto cansada. .... *Je me sens fatiguée.*
Le sug**ie**re una idea. .... *Il lui suggère une idée.*

2) e > **i**

Subjonctif présent :	s**i**ntamos, s**i**ntáis (1ère et 2 ème pers du plur)
Impératif :	s**i**ntamos (1ère pers du plur)
Passé simple :	s**i**ntió, s**i**ntieron (3ème pers du sing et du plur)
Subjonctif imparfait :	s**i**ntiera, etc. (toutes les pers)
Gérondif :	s**i**ntiendo

¡Ojalá nos sintamos a gusto allí! .... *Pourvu qu'on s'y sente à l'aise !*
Me paso el día divirtiéndome. .... *Je passe mon temps à m'amuser.*

Verbes du même type : **convertirse, divertirse, mentir, preferir, sugerir, referirse, conferir, advertir**, etc.

• Remarque : « **dormir** » et « **morir** » sont irréguliers aux mêmes personnes que « **sentir** » et dans les mêmes conditions : o > **ue** et o > **u**
Durmieron toda la mañana. .... *Ils ont dormi toute la matinée.*

Exercice complémentaire I

Dans les phrases ci-après, mettre le verbe aux temps et aux personnes demandées

1. El árbol (convertirse) en carabela. (passé simple)
2. El autor (referirse) a su niñez. (présent)
3. Le pedí que no (mentir). (subjonctif imparfait).
4. (referirse) a su lectura, nos habló del Cid. (gérondif)
5. Lo cuenta para que nosotros (divertirse). (subjonctif présent)

◆ APOCOPE

Certains adjectifs **devant** un nom perdent leur dernière voyelle ou leur dernière syllabe. C'est le cas de : **uno, alguno, ninguno, primero, tercero, bueno** et **malo**, qui perdent l'**o** final devant un nom masculin singulier.
No tiene **ningún** recuerdo. .... *Il n'a aucun souvenir.*
¡Qué **mal** genio! .... *Quel mauvais caractère !*

Grande s'apocope en **gran** devant un nom singulier, masculin ou féminin.
No tiene **gran** importancia. .... *Cela n'a pas grande importance.*

Cualquiera s'apocope en **cualquier** devant un nom singulier masculin (au féminin, l'apocope est facultative)

Cualquier libro de aventuras me gusta. .... *N'importe quel livre d'aventures me plaît.*

Exercice complémentaire II

Dans les phrases suivantes, appliquer l'apocope si nécessaire

1. Octavio Paz es un (grande) poeta.
2. (Ninguno) de los dos decía la verdad.
3. (Cualquiera) día te lo contaré.
4. Es un (bueno) libro aunque difícil de leer.
5. Fue su (primero) encuentro con la literatura.

◆ Como si

Como si est obligatoirement suivi du subjonctif imparfait.
Canta como si **fuera** un pájaro. .... *Il chante comme s'il était un oiseau.*
Se esconde como si **tuviera** miedo. .... *Il se cache comme s'il avait peur.*

Exercice complémentaire III

Mettre les verbes entre parenthèses à la forme voulue

1. Era como si (romperse) el encanto.
2. Corren por la biblioteca como si (estar) en la selva.
3. Siguió viviendo como si no (saber) lo que pasó.
4. Tenían miedo como si (introducirse) en un lugar prohibido.
5. Ya no hablaba de eso como si (preferir) olvidarlo.

VOCABULAIRE THÉMATIQUE
I. LA NIÑEZ / LOS JUEGOS

---

la infancia, la niñez	*l'enfance*
de niño, yo...	*quand j'étais petit, je...*
cuando niño, iba	*quand j'étais petit, j'allais*
crecer	*grandir*
ser mayor	*être grand*
cuando sea mayor	*quand je serai grand*
mayor de edad	*majeur*
los adultos, los mayores	*les adultes, les grands*
en mis tiempos	*de mon temps*
jugar (ue) al fútbol (un partido)	*jouer au football (un match)*
un juego; un juguete	*un jeu ; un jouet*
juguetón, juguetona	*joueur, joueuse*

jugar al aire libre	*jouer en plein air*
jugar al escondite	*jouer à cache-cache*
jugar a las cartas (una partida)	*jouer aux cartes (une partie)*
tocar el piano	*jouer du piano*
Hace de princesa.	*Elle joue à la princesse.*
jugar una mala pasada	*jouer un mauvais tour*
divertir, entretener (ie)	*distraire, amuser*
divertirse, entretenerse	*s'amuser*
una anécdota divertida	*une anecdote amusante*
entretenido, a	*amusant, distrayant*
recrearse	*se distraire, se délasser*
recrear la atmósfera de su niñez	*recréer l'atmosphère de son enfance*
el recreo	*le divertissement, la récréation*
el regocijo	*la réjouissance*
la alegría, el júbilo	*la joie*
estar alegre	*être joyeux, être gai*
reír a carcajadas	*rire aux éclats*
desternillarse de risa	*se tordre de rire*
disfrutar	*s'amuser, passer de bons moments*
¡Que disfrutes!	*Amuse-toi bien !*
disfrutar de la vida	*profiter de la vie*
los pasatiempos	*les loisirs*
pasarse el tiempo jugando	*passer son temps à jouer*
dedicarse a leer	*passer son temps à lire*
ser aficionado a	*être passionné de*
disponer de ratos de ocio	*disposer de moments de loisir*
aburrirse en su habitación	*s'ennuyer dans sa chambre*
estar aburrido, a	*s'ennuyer*
Es aburrido este juego.	*Ce jeu est ennuyeux.*
aburrirse como una ostra	*s'ennuyer à mourir*
el aburrimiento	*l'ennui, la lassitude*
bromear ; una broma	*plaisanter ; une plaisanterie*
decirlo en broma	*le dire pour rire, pour plaisanter*
gastar una broma	*faire une plaisanterie, faire une farce*
no estar para bromas	*ne pas être d'humeur à plaisanter*
una niña traviesa	*une fillette espiègle*
un pilluelo	*un gamin, un garnement*
una pandilla de chavales	*une bande de gosses*
hacer novillos	*faire l'école buissonnière*
ser un niño mimado	*être un enfant gâté*
¡Quédate quieto!, ¡Estáte quieto!	*Reste tranquille !*
una niñería	*un enfantillage*
la ingenuidad ; ingenuo, a	*la naïveté ; naïf*
la despreocupación ; despreocupado, a	*l'insouciance ; insouciant*

▷ 10 phrases à retenir

1.	De niño, solía jugar en el jardín.	*Lorsque j'étais enfant, j'avais l'habitude de jouer dans le jardin.*
2.	Me paso el tiempo divirtiéndome con el videojuego.	*Je passe mon temps à m'amuser avec le jeu vidéo.*
3.	Cuando sea mayor, aconsejaré a mis hijos que lean novelas de aventuras.	*Quand je serai grand, je conseillerai à mes enfants de lire des romans d'aventures.*
4.	Los mayores suelen añorar su niñez.	*Les adultes ont souvent la nostalgie de leur enfance.*
5.	Aquel recuerdo infantil se quedó grabado en mi mente.	*Ce souvenir d'enfance est resté gravé dans mon esprit.*
6.	¡Déjate de niñerías!	*Cesse tes enfantillages !*
7.	Antes no teníamos juguetes tan sofisticados como ahora.	*Avant, nous n'avions pas de jouets aussi sophistiqués que maintenant.*
8.	Uno se da cuenta de la importancia de las vivencias infantiles.	*On mesure l'importance de ce que l'on a vécu dans l'enfance.*
9.	Su hijo ha crecido mucho, ¡ya se ha vuelto todo un hombre!	*Votre fils a beaucoup grandi, il est devenu un homme !*
10.	Los niños siempre andan un poco despreocupados.	*Les enfants sont toujours un peu insouciants.*

VOCABULAIRE THÉMATIQUE
II. LA IMAGINACIÓN / EL SUEÑO

la fantasía	*1. l'imagination 2. la fantaisie*
la imaginación creadora	*l'imagination créatrice*
una imaginación desbocada	*une imagination débridée*
carecer de imaginación	*manquer d'imagination*
Son imaginaciones tuyas.	*Ce sont des idées que tu te fais.*
creer en los Reyes Magos	*croire au Père Noël*
soñar (ue) con el príncipe azul	*rêver du prince charmant*
el sueño	*1. le rêve 2. le sommeil*
el ensueño, el fantaseo	*la rêverie*
fantasear	*rêvasser*
soñador, a	*rêveur*
Eso me deja pensativo.	*Cela me laisse rêveur.*
soñar despierto	*rêver tout éveillé*
estar en las nubes	*être dans les nuages*
un país de ensueño	*un pays de rêve*
una visión ensoñadora	*une vision de rêve*
idear un mundo paradisíaco	*inventer un monde paradisiaque*
Se figura que es un héroe.	*Il s'imagine être un héros*
¿Qué te has figurado?	*Qu'est-ce que tu crois ?*

fingir (algo, hacer algo)	*faire semblant de*
una ficción	*une fiction*
un personaje ficticio, un ente ficcional	*un personage de fiction*
ilusorio, a	*illusoire*
una ilusión	*1. une illusion 2. un plaisir 3. un espoir*
estar ilusionado, a	*être plein d'espoir*
hacerle mucha ilusión a uno	*avoir très envie, faire rêver*
iluso, a	*rêveur, utopiste*
una utopía ; utópico, a	*une utopie ; utopique*
una quimera	*une chimère*
engañar ; engañador, a	*tromper ; trompeur*
una apariencia falsa	*une apparence trompeuse*
el engaño	*la tromperie, le leurre, la mystification*
el desengaño	*la désillusion, la démystification*
llevarse un desengaño	*éprouver une désillusion*
equivocarse, estar equivocado	*se tromper, être dans l'erreur*
embaucar	*enjôler*
hechizar	*charmer, ensorceler*
el hechizo, el encanto	*la fascination, le charme*
el desencanto	*le désenchantement*
encantador, a	*enchanteur, charmant*
Érase una vez...	*Il était une fois...*
los cuentos de hadas	*les contes de fées*
un cuento de nunca acabar	*une histoire à n'en plus finir*
andar con cuentos chinos	*raconter des histoires à dormir debout*
¡No me vengas con cuentos!	*Ne me raconte pas d'histoires !*
una leyenda ; legendario, a	*une légende ; légendaire*
una fábula ; fabuloso, a	*une fable ; fabuleux*
la metamorfosis	*la métamorphose*
una maravilla ; maravilloso, a	*une merveille ; merveilleux*
maravillarse	*1. s'émerveiller 2. s'étonner*
parecer extraño, a	*sembler étrange, surprenant*
¡Qué cosa más rara!	*Comme c'est curieux !*
una pesadilla	*un cauchemar*
un fantasma	*1. un fantôme 2. un fantasme*
verlo todo color de rosa	*voir tout en rose*
verlo todo negro	*voir tout en noir*
La vida no es senda de rosas.	*Tout n'est pas rose dans la vie.*
novelesco, a	*romanesque*
edificar castillos en el aire	*bâtir des châteaux en Espagne*
estar ensimismado, a	*être plongé dans ses pensées*
tener ganas de evadirse	*avoir envie de s'évader*
una imagen	*une image*
el poder onírico de las imágenes	*le pouvoir onirique des images*
sobrenatural	*surnaturel*

por arte de birlibirloque	*comme par enchantement*
dar rienda suelta a su imaginación	*donner libre cours à son imagination*

▷ 10 phrases à retenir

1.	La vida es sueño.	*La vie est un songe.*
2.	A los niños les dan miedo las brujas.	*Les enfants ont peur des sorcières.*
3.	A veces soñamos con cosas raras.	*Nous rêvons parfois de choses étranges.*
4.	Soñó con que descubría paraísos lejanos.	*Il a rêvé qu'il découvrait des paradis lointains.*
5.	Se les antojaba que combatían como héroes legendarios.	*Ils avaient l'impression de combattre comme des héros légendaires.*
6.	Metamorfoseaban la realidad a su antojo.	*Ils métamorphosaient la réalité à leur guise.*
7.	Suele ocurrir en los cuentos de hadas.	*Cela se produit généralement dans les contes de fées.*
8.	Fingen vivir en un mundo de ensueño y de magia.	*Ils font semblant de vivre dans un monde de rêve et de magie.*
9.	Los relatos novelescos le permiten al lector dar rienda suelta a su imaginación.	*Les récits romanesques permettent au lecteur de donner libre cours à son imagination.*
10.	En la mitología se entreveran lo maravilloso y lo fantástico.	*Dans la mythologie se mêlent le merveilleux et le fantastique.*

▷ *Temas para el comentario o el debate*

1. La importancia de la lectura.
2. El papel de la imaginación.
3. Juegos infantiles.
4. El ingreso en el mundo de los adultos.

CORRIGÉ DES EXERCICES COMPLÉMENTAIRES

Sujet 1

I. Défense : **1.** no hagas **2.** no os vayáis **3.** no lo sigas **4.** no se lo traigan **5.** no conduzcas.

II. Style indirect : **1.** Pedro le dice a Jorge que haga lo que le parezca, que no le importa. **2.** María le decía a Elena que estaba cansada, que la llevara a casa. **3.** Mercedes preguntó a su marido si pensaba que iba a llegar tarde. Éste le respondió que estaría en casa a las siete. **4.** Manuel le dijo a su amigo que se dieran prisa, que no creía que hubieran terminado esta noche. **5.** Paco le decía a Juan que no viniera demasiado tarde, que si no, no podría atenderle.

III. Préposition : **1/c** (me doy cuenta de que); **2/e** (impresión de que); **3/d** (permitió que); **4/a** (incitarme a que); **5/b** (se aprovechó de que).

Sujet 2

I. Prétérit : **1.** hice, pudieras **2.** quiso, supieran **3.** dije, viniera **4.** hubo, hizo **5.** estuvo, puse.

II. Indéfinis : **1.** demasiado **2.** poca **3.** bastantes **4.** tantas **5.** cuantas.

III. Impératif : **1.** atrévete **2.** dirigíos **3.** ven **4.** Acostémonos **5.** vamos.

Sujet 3

I. Subjonctif (temporelle et relative) : **1.** digas **2.** decida **3.** quiera **4.** estés **5.** llegaran ou llegasen.

II. Comparatif d'égalité : **1.** tantos ... como **2.** tan ... como **3.** tanto ... como **4.** tan ... como **5.** tantos ... como.

III. Superlatif relatif : **1.** pas d'article **2.** la **3.** las **4.** aucun article **5.** aucun article.

Sujet 4

I. Vouvoiement : **1.** ¡Váyase y no vuelva! **2.** Le aconsejo que salga con él. **3.** ¡Acojan a sus amigos! **4.** Lo trajimos para usted aunque no nos lo pidió. **5.** ¡Lléveselo consigo!, es suyo.

II. Ser : **1.** son **2.** es **3.** estamos **4.** es **5.** está.

III. Volver : **1.** volver **2.** se volvió **3.** volvía **4.** Volví a leer **5.** volver.

Sujet 5

I. Proposition participe : **1.** Entornados los ojos, descansó en el sofá. **2.** Inclinada la cabeza, me arrodillé. **3.** Terminada la novela, puso el libro en la mesa de noche. **4.** Llegados los niños, ella preparó la merienda. **5.** Hundidas las manos en los bolsillos, me miró sorprendido.

II. Emplois de « estar » : **1.** estáis **2.** estaba **3.** está **4.** estaba **5.** es.

III. Adverbes de manière : **1.** Lenta y dulcemente **2.** fácilmente **3.** regularmente **4.** angustiosamente (angustioso) **5.** pronto (prontamente *peu usité*).

Sujet 6

I. Restriction : **1.** a no ser que (como no sea que) esté enfermo **2.** con tal que (siempre que) le digas la verdad; con tal de (con) decirle la verdad **3.** por si (por si acaso) llegaba (llegara) **4.** siempre que (con tal que) no le desagradara; con (con tal de) no desagradarle **5.** a no ser que fuera su padre; como no fuera su padre.

II. Verbes irréguliers : **1.** apetezca **2.** concluyó **3.** introduzca **4.** anochezca **5.** excluyeran.

III. Possessifs : **1.** tuyo; el mío **2.** su; suyo **3.** sus (los); el **4.** vuestra; vuestros **5.** el; tu.

Sujet 7

I. Hypothèse : **1.** se habrá ido (debe de haberse ido) **2.** te equivocarás (debes de equivocarte) **3.** no le convendrá (no debe de convenirle) **4.** haría (debía de hacer) **5.** lo habría juzgado (debía de haberlo juzgado).

II. Concession : **1.** diga **2.** ayude **3.** es **4.** saben **5.** dijera.

III. Semi-auxiliaires : **1.** resulta **2.** resultaron **3.** andaba (iba) **4.** seguía **5.** queda.

Sujet 8

I. Conjonctions de temps : **1.** antes (de) que cenes **2.** después que llegó **3.** mientras viajaba **4.** hasta que volvió **5.** desde que me llamó por teléfono.

II. Commencer ou finir une action : **1.** cantando (por cantar) **2.** de llamarle **3.** a correr **4.** a llorar **5.** saludar (saludando).

III. Plus... plus / d'autant plus... que : **1.** Cuanto más insistas, más comprenderá. **2.** Lo aprecio tanto más cuanto que lo deseaba desde hacía tiempo. **3.** Cuantos más regalos recibía, más se alegraba. **4.** Tengo tantas más dificultades cuantas más lecciones tengo que estudiar. **5.** Le dará tanta más alegría cuanto que lo quiere mucho.

Sujet 9

I. Verbes type « pedir » : **1.** repitiendo **2.** sírvase **3.** conseguido **4.** sonrió **5.** sigo.

II. Verbes d'ordre : **1.** Le aconsejo que vaya a España. **2.** Os pido que estudiéis en casa. **3.** Les dijeron que tomaran el avión. **4.** Nos recomiendan que vistamos de moda. **5.** Les sugerían que siguieran atentos.

III. Temps composés : **1.** hemos llamado **2.** habría (hubiera) mandado **3.** haya dicho **4.** se habrán ido **5.** hubo abierto.

Sujet 10

I. Mots négatifs : **1.** No me interesó ningún libro de él. **2.** Jamás lo consentiré. **3.** No sabe ni bailar este chico. **4.** Nada me apetece. **5.** No vendrá mañana tampoco.

II. Ne... que ; ne... pas... mais : **1/c** ; **2/d** ; **3/a** ; **4/e** ; **5/b**.

III. Tournures affectives : **1.** les gusta **2.** le dan miedo **3.** os cuesta **4.** me ocurre **5.** te hace (te antoja).

Sujet 11

I. Prépositions de lieu : **1.** a **2.** por **3.** en **4.** en **5.** a.

II. Pronoms enclitiques : **1.** contársela **2.** bañarme **3.** mirándonos **4.** póntelo **5.** deciros.

III. Les moments de l'action : **1.** están viviendo **2.** llevo dos días esperándote **3.** seguirá acordándose **4.** iba descubriendo **5.** iba poniéndose.

Sujet 12

I. Infinitif substantivé : **1.** un sonreír **2.** su gritar **3.** el cantar **4.** un mirar **5.** el comer, el beber.

II. Simultanéité : **1.** al apuntar **2.** mirándome **3.** cuando oí **4.** levantándome **5.** al enterarnos.

III. Celui de : **1.** la **2.** los **3.** el **4.** lo **5.** las.

Sujet 13

I. Tournure « c'est...qui » : **1.** Fue mi madre la que / quien me lo dijo. **2.** Eres tú el que / quien te vas el primero. **3.** Era el viento el que había abierto la ventana. **4.** Fueron mis amigos los que / quienes me hablaron de este país. **5.** Es su llamada telefónica la que me ha sorprendido.

II. Verbes qui diphtonguent : **1.** se sienta. **2.** entendamos. **3.** vuelva. **4.** contadme. **5.** cuesta.

III. Traduction de « on » : **1.** dicen (se dice). **2.** se puede. **3.** tenemos que. **4.** puede uno / una. **5.** se invitó a (invitaron a).

Sujet 14

I. Obligation : **1.** no tienes que conformarte (no hace falta que te conformes) **2.** hay que comer **3.** sería necesario que se lo dijéramos **4.** deberías saberlo **5.** será preciso que vayas (tendrás que ir).

II. Por, para : **1.** por **2.** por **3.** para...para **4.** para **5.** por.

III. Infinitif : **1/c**; **2/d**; **3/a**; **4/e**; **5/b**.

Sujet 15

I. La condition : **1.** si supiera (como supiera) **2.** como sigas (de seguir) **3.** Si pierdes (de perder) **4.** si nos entraran (como nos entraran) **5.** como nos pusiéramos (de ponernos).

II. La possession : **1.** Me quito las gafas. **2.** Se bebió el café. **3.** Nos ganamos la vida. **4.** Os ponéis la chaqueta. **5.** Te cortaste el pelo.

III. « Réussir à » : **1.** acierto a explicárselo (alcanzo a explicárselo) **2.** consiguieron serenar **3.** atinas a oír (alcanzas a oír) **4.** logré ver **5.** no logro comprender (no consigo comprender, no atino a comprender, no acierto a comprender, no alcanzo a comprender).

Sujet 16

I. Verbes type « sentir » : **1.** se convirtió **2.** se refiere **3.** mintiera **4.** refiriéndose **5.** nos divirtamos.

II. Apocope : **1.** gran **2.** ninguno **3.** cualquier **4.** buen **5.** primer.

III. Como si : **1.** se rompiera **2.** estuvieran **3.** supiera **4.** se introdujeran **5.** prefiriera.

INDEX GRAMMATICAL

Apocope	181
Commencer ou finir une action	93
Como si	182
Comparatif d'égalité	37
Concession	81
Condition	171
Constructions avec l'infinitif	161
Défense	12
Différents moments de l'action	128
Emplois de « estar »	59
Emplois de « ser »	48
Enclise du pronom personnel	128
Formation de l'adverbe de manière	60
Hypothèse	80
Impératif	26
Indéfinis	25
Infinitif substantivé	137
Mots négatifs	115
Ne... que / ne... pas... mais	116
Obligation	159
Passage au style indirect	12
Plus... plus / d'autant plus que / d'autant plus... que	93
Possessifs	71
Possession exprimée par la forme réfléchie	172
Préposition devant la complétive	14
Prépositions de lieu : « a », « en », « por »	126
Prépositions et conjonctions de temps	92
Prétérits forts	24
Proposition participe	59
Restriction	69
Semi-auxiliaires	82
Sens de « Volver, volverse, volver a »	49
Simultanéité	138
Subordonnées temporelle et relative au subjonctif	37
Superlatif relatif	38
Temps composés	105
Tournure emphatique : « c'est... qui »	147
Tournures affectives	116
Traduction de « celui de »	138
Traduction de « on »	148
Traduction de « pour » : « por »/« para »	160
Traduction de « réussir à, parvenir à, arriver à »	172
« Usted » et le vouvoiement	48
Verbes à diphtongue : e > ie / o > ue	147
Verbes d'ordre, de prière	104
Verbes du type « pedir »	103
Verbes du type « sentir »	181
Verbes irréguliers	70

INDEX THÉMATIQUE

Amistad	72
Camino del pueblo	130
Cine	117
Ciudad y sus problemas	50
Cólera	175
Comercio	41
Conflicto de generaciones	63
Cuerpo humano	105
Curso de la vida	139
Defectos	16
Delito	16
Deporte	39
Determinación	151
Educación	161
Enfermedades	107
Estrés	84
Estudios	161
Faenas del campo	52
Gustos y aficiones	119
Imaginación	184
Juegos	182
Juicio	173
Lamento	74
Locura	173
Memoria	128
Miedo	163
Moda	61
Negocios	41
Niñez	182
Novedad	61
Organización de la sociedad	140
Peligro	163
Pobreza	149
Política	140
Posturas	105
Quehaceres del ama de casa	82
Relaciones laborales en la empresa	26
Retorno a la naturaleza	52
Retrato físico	15
Riqueza	149
Salud	107
Sentimientos	72
Ser humano	139
Sorpresa	94
Sueño	184
Tercer mundo	28
Tiempo	128
Tiempo que hace	96
Tristeza	74
Vida cotidiana	84
Voluntad	151

Aubin Imprimeur
LIGUGÉ, POITIERS

Achevé d'imprimer en septembre 1997
N° d'impression L 54691
Dépôt légal septembre 1997
Imprimé en France